A SEMANA DE 4 DIAS

ANDREW BARNES
E STEPHANIE JONES

A SEMANA DE 4 DIAS

Tradução de
Milena Vargas

1ª edição

Rio de Janeiro | 2021

CIP-BRASIL. CATALOGAÇÃO NA PUBLICAÇÃO
SINDICATO NACIONAL DOS EDITORES DE LIVROS, RJ

B241s   Barnes, Andrew, 1960-
        A semana de quatro dias: como a revolução da jornada de trabalho
pode aumentar a produtividade, os lucros, a qualidade de vida e criar
um futuro mais sustentável / Andrew Barnes, Stephanie Jones;
tradução Milena Vargas. - 1. ed. - Rio de Janeiro: BestSeller, 2021

        Tradução de: The Four Day Week
        ISBN 978-65-5712-105-4

        1. Horário de trabalho. 2. Semana de quatro dias. 3. Produtividade.
4. Administração do tempo. 5. Desempenho. 6. Profissões -
Desenvolvimento. I. Jones, Stephanie. II. Vargas, Milena. III. Título.

                                    CDD: 331.25722
                                      CDU: 331.311"437.4"
20-68248

Camila Donis Hartmann – Bibliotecária – CRB-7/6472

Texto revisado segundo o novo Acordo Ortográfico da Língua Portuguesa.

Título original:
The Four Day Week

Copyright © 2020 Andrew Barnes and Stephanie Jones

First published in Great Britain in 2020 by Piatkus,
an imprint of Little, Brown Group

Copyright da tradução © 2021 by Editora Best Seller Ltda.

Todos os direitos reservados. Proibida a reprodução,
no todo ou em parte, sem autorização prévia por escrito da editora,
sejam quais forem os meios empregados.

Direitos exclusivos de publicação em língua portuguesa para o Brasil
adquiridos pela
EDITORA BEST SELLER LTDA.
Rua Argentina, 171, parte, São Cristóvão
Rio de Janeiro, RJ – 20921-380
que se reserva a propriedade literária desta tradução

Impresso no Brasil

ISBN 978-65-5712-105-4

Seja um leitor preferencial Record.
Cadastre-se no site www.record.com.br e receba informações
sobre nossos lançamentos e nossas promoções.

Atendimento e venda direta ao leitor
sac@record.com.br

A SEMANA DE 4 DIAS

*Este livro é dedicado a meus filhos maravilhosos,
Genevieve e Sebastian — que, espero, nunca precisarão
trabalhar tantas horas quanto o pai — e para minha mãe,
Barbara, que sempre se preocupou com isso.*

Sumário

Introdução: O homem mais perigoso no avião	13
1. O mundo do trabalho hoje	19
2. A resposta dos trabalhadores	39
3. A resposta corporativa	57
4. O propósito da semana de quatro dias	79
5. Os dados	89
6. Implementação	121
7. Os benefícios mais amplos	153
8. A importância de ser flexível	173
9. Os obstáculos	185
10. Dentro do mundo corporativo	201
Conclusão: *Vacas precisam ser ordenhadas duas vezes ao dia*	209
Apêndice: *Pesquisa qualitativa por dra. Helen Delaney*	217
Agradecimentos	231
Bibliografia	233
Notas	241

"Os países e organizações que conseguirem desvendar primeiro o código da semana de quatro dias podem ter uma vantagem competitiva caso consigam implementá--la de maneira a maximizar a qualidade de vida a longo prazo enquanto minimizam, no curto prazo, o aumento no trabalho e nos custos operacionais."

Ben Laker e Thomas Roulet
Harvard Business Review, agosto de 2019

INTRODUÇÃO
O homem mais perigoso no avião

Cerca de 55 anos após a Administração Federal de Aviação dos Estados Unidos lançar o primeiro programa de segurança a bordo e instituir a prática de colocar em voos aleatórios marechais da aeronáutica altamente treinados em trajes civis, um homem embarca em um avião em Auckland a caminho de Doha. O Natal está perto, e o clima é quente na Oceania, mas seu destino final é às 16h da tarde, no crepúsculo do inverno londrino. Ele leva consigo um passaporte britânico sem ocorrências legais, um laptop e uma pasta de papéis.

Embora não carregue nenhuma arma convencional e atravesse facilmente os scanners com seus pertences, ele será o passageiro mais perigoso do voo das 17h. O que ele faz nesse avião vai gerar milhares de reportagens e postagens nas redes sociais em dezenas de países no ano seguinte em que o voo QR921 pousar na capital do Catar. Conforme a aeronave pousa, ninguém sabe ainda o que está sendo desencadeado. Sem ser detido, ele continua sua viagem.

Aquele homem era eu. Juro que eu não tinha nenhum propósito maligno. À primeira vista, eu não teria motivos para fazer o que fiz.

14 A SEMANA DE QUATRO DIAS

Tinha vivido uma vida boa até ali. Tive o privilégio de ter uma boa educação, primeiro na Universidade de Cambridge, e, em seguida, na linha de frente das altas finanças globais. Tinha dois filhos extraordinários e uma companheira incrível e acolhedora. Era o fundador de uma empresa fiduciária próspera na Nova Zelândia, um país tão bonito, culturalmente diversificado e cheio de oportunidades que fazer dele a sua casa já é quase ganhar na loteria da vida. Eu podia desfrutar dos meus passatempos — colecionar arte, trabalhar na restauração de um iate clássico, cultivar uvas e produzir vinho em uma ilha no golfo de Hauraki.

A minha vida estava toda organizada. Então, eu joguei tudo para o alto.

Embarquei naquele voo com o item aparentemente inócuo que mudaria a minha vida e a de muitos outros — uma edição da revista *The Economist* que continha uma reportagem sobre dois estudos com funcionários de escritórios no Canadá e no Reino Unido que trabalhavam cinco dias por semana. A pesquisa descobriu que os trabalhadores eram produtivos apenas por um período variável entre uma hora e meia a duas horas e meia em um dia típico de oito horas.

Como proprietário de uma empresa responsável pelos empregos de cerca de 240 pessoas, eu estava abismado. Pensei sobre isso e percebi que, embora tivéssemos formas de medir a produção para diferentes funções e unidades do negócio, essas medidas não eram de maneira alguma onipresentes, e era possível — e até provável — que alguns dos meus funcionários fossem produtivos por apenas poucas horas do dia. Fiz os cálculos. Minha teoria era que, se cada um dos meus funcionários fosse produtivo por cerca de duas horas e meia a cada dia, em média, então, como empregador, eu só precisaria recuperar 40 minutos diários de produtividade para obter da equipe, em uma semana de quatro dias, o mesmo resultado que seria obtido em uma semana de cinco dias de trabalho. Se eu fosse bem-sucedido, a produtividade e a rentabilidade permaneceriam estáveis. O que eu não podia prever era como um dia "grátis" de folga semanal poderia afetar o bem-estar da equipe e seu comportamento.

Este foi o início do que agora chamamos de regra 100-80-100. Os funcionários recebem 100% de sua remuneração contratual e precisam trabalhar apenas 80% do tempo, contanto que forneçam 100% da produtividade acordada. Da primeira vez que enviei um e-mail à diretora dos recursos humanos da minha empresa para contar sobre essa ideia, ela achou que eu estava brincando e o excluiu. Algumas semanas depois, eu estava de volta à Nova Zelândia e garanti que estava falando sério. Começamos investigando que líderes já haviam adotado os benefícios da semana de quatro dias. Decerto eu não havia inventado a pólvora.

Conforme se revelou, no entanto, minha versão da semana de quatro dias era uma ideia nova, pois o que propúnhamos nunca havia sido testado com precisão. Muitas empresas tinham feito experimentos com o modelo padrão de trabalho em tempo integral ao, por exemplo, comprimir quarenta horas em quatro dias ou oferecer aos trabalhadores a redução das horas com cortes salariais. Mas o cálculo 100-80-100, com sua ênfase na produtividade e não apenas no equilíbrio entre a vida profissional e familiar, constituiu um grande experimento que até a boa parte da minha equipe de liderança considerava impraticável e absurdo.

Conforme eu explorava o conceito da semana de quatro dias, me vi diante de um dilema: como implementar uma semana de quatro dias sem enfrentar as consequências de implicações adversas significativas para os negócios se tudo desse errado? Afinal, eu tinha investidores externos e um conselho de administração independente que, certamente, veriam toda a ideia com certo grau de suspeita. Foi então que decidimos pedir a ajuda de pesquisadores independentes para testar a semana de quatro dias. Dessa forma, eu teria provas concretas nas quais basear a validade e a viabilidade do modelo.

Sabíamos que esse teste deveria ser longo o suficiente para fornecer bons dados para a pesquisa e para nossa própria análise. De início, estabelecemos o prazo de seis semanas, que foram estendidas para oito assim que percebemos que dois meses completos (e dois ciclos de processamento) forneceriam dados mais robustos.

O teste de oito semanas da empresa, impulsionado pela boa vontade de nossa equipe e rastreado diligentemente por dois pesquisadores universitários, rendeu um grande conjunto de dados. E fiquei seguro de uma coisa: a semana de cinco dias é uma construção do século XIX que não é mais adequada no século XXI.

Minha convicção a esse respeito é o motivo por que escrevi este livro. Coloquei a semana de quatro dias no contexto do mundo do trabalho de hoje. Apesar dos avanços tecnológicos significativos das últimas décadas, com a ascensão da internet e das mídias sociais para formar um mundo hiperconectado e com os novos modelos de negócios que desintermediaram companhias e indústrias estabelecidas, não houve um avanço correspondente na produtividade geral. Da mesma forma, enquanto os benefícios desses novos modelos são usufruídos pelos consumidores, não houve uma melhoria proporcional nas condições de trabalho dos funcionários, cujo estresse laboral aumentou em proporções quase epidêmicas tanto em nações desenvolvidas quanto em desenvolvimento.[1]

Não seria um argumento válido, é óbvio, dizer que as condições de trabalho da Quarta Revolução Industrial são mais terríveis do que o ar poluído da Primeira, mas, à medida que a população global aumenta, a classe média incha e a pressão sobre os recursos naturais se intensifica, é uma necessidade urgente mudar — e de maneira bastante extrema — como trabalhamos, se quisermos tirar o máximo proveito das pessoas e do comércio, e começar a aliviar a tensão sobre nós mesmos e nosso planeta.

Para quem já está familiarizado com o conceito da semana de quatro dias, este livro apresenta diretrizes práticas para testá-la e implementá-la, detalha os benefícios de uma semana reduzida, focada em produtividade, e avalia os obstáculos à sua ampla adoção e como podemos superá-los.

O homem no avião ainda está em negação. É difícil de acreditar que os eventos do ano passado de fato ocorreram. Em vez de ser amplamente rejeitada como inviável, a nossa história com a semana de quatro dias catalisou um dos anos mais surpreendentes da minha vida, e iniciou uma discussão global sobre o futuro do trabalho.

Essa foi uma das principais pautas do Fórum Econômico Mundial em Davos. Tornei-me assunto da mídia em vários países; fui entrevistado para redes de TV britânicas, japonesas, ucranianas e francesas, entre outras, e para canais de rádio do Canadá à África do Sul. Mercados tradicionais e online estiveram no tópico, e o público respondeu. Em determinado ponto, o artigo do *New York Times* sobre a semana de quatro dias da Perpetual Guardian era o mais lido depois da notícia sobre uma conferência entre Trump e Putin.

Uma ideia simples motivada por uma reportagem se transformou em um debate que, até agora, alcançou pessoas em 75 países e está ganhando força à medida que dezenas de empresas realizam testes e começam a contribuir para a base de evidências. Enquanto isso, a semana de quatro dias está sendo seriamente discutida por governos e legisladores, e já foi adotada no Reino Unido por organizações como o Trades Unions Congress, uma federação de sindicatos, e pelos partidos Green Party e Labour Party. Escrevo enquanto o parlamento russo começa a elaborar uma legislação para a implementação gradual da semana de quatro dias em todo o país.

É encorajador pensar que essa ideia pode desempenhar um pequeno papel para tornar o mundo um lugar melhor e mais saudável — mas posso dizer com certeza que isso já está acontecendo em um pequeno país no Pacífico Sul, desde que superou um teste simples.

Espero que líderes empresariais, legisladores, sindicatos de trabalhadores e ativistas climáticos e de equidade salarial reconheçam o valor do movimento da semana de quatro dias e se esforcem para levar nossas práticas de trabalho para o século XXI. Este livro foi escrito como um guia simples para a fundamentação e a implementação da semana de quatro dias.

Espero que possa ajudá-lo.

Andrew Barnes
Auckland, Nova Zelândia
Dezembro de 2019

CAPÍTULO UM
O mundo do trabalho hoje

A VIDA PROFISSIONAL

Escute as músicas de Bruce Springsteen e você será transportado de volta a uma época em que o trabalho fora de casa era masculino e predominantemente manual, com horários determinados pelo apito de uma fábrica. De certa forma, pouco mudou desde a Primeira Revolução Industrial. Durante o século XIX, os trabalhadores labutaram por longas horas, com frequência até caírem de exaustão — e desde muito novos. Eles também trabalhavam predominantemente em um só emprego, em geral para uma empresa, e os mais sortudos ou mais capazes eram promovidos da fábrica para a loja, ou então para um cargo administrativo no escritório até se aposentarem (ou morrerem). Sua única folga eram as saídas em serviço vestindo cáqui ou azul.

A semana de trabalho só encurtou com a organização do trabalho. Na década de 1870, o trabalho em tempo integral consistia geralmente em sessenta a setenta horas por semana, ou mais de três mil horas por ano. Com o fortalecimento do movimento trabalhista, a abundância econômica e os avanços tecnológicos nas décadas que se seguiram à Segunda Guerra Mundial, na maioria dos países desenvolvidos, a semana de trabalho tinha se estabelecido em cerca de quarenta horas.[2]

20 A SEMANA DE QUATRO DIAS

Embora essa tendência gradual de queda tenha continuado na Alemanha, onde recentemente o sindicato metalúrgico IG Metall conquistou o direito a uma semana de 28 horas para novecentos mil trabalhadores,[3] e na França, país famoso pela semana de trabalho de 35 horas, ela se reverteu tanto nos Estados Unidos quanto no Reino Unido, onde o número de horas obrigatórias aumentou desde a virada do milênio. Estatísticas publicadas pela Organização para a Cooperação e Desenvolvimento Econômico (OECD) em 2018 colocam os Estados Unidos perto do topo entre os países desenvolvidos quando o fator analisado são as horas de trabalho por ano — 1.786, quase 250 horas mais do que no Reino Unido. A Alemanha registrou o menor número de horas, com 1.363.[*,4,5,6,]

---

* A média anual de horas trabalhadas é definida pelo número total de horas efetivamente trabalhadas por ano dividido pelo número médio de pessoas empregadas por ano. As horas reais trabalhadas incluem horas regulares de trabalhadores de período integral, meio período e meio ano, horas extras remuneradas e não remuneradas, assim como horas trabalhadas em empregos adicionais, e excluem períodos não trabalhados devido a feriados, férias remuneradas, licença por doença, lesão ou incapacidade temporária, licença-maternidade, licença parental, educação continuada ou treinamento, folgas por razões técnicas ou econômicas, greve ou disputa trabalhista, mau tempo, licença de compensação ou por outros motivos. Os dados abrangem trabalhadores empregados e independentes.

Por semana, as horas de trabalho aumentam drasticamente quando são medidos apenas os dados dos trabalhadores em período integral. Segundo dados de 2011 do Office of National Statistics, do Reino Unido, a semana média de trabalho em tempo integral no país é de 42,7 horas, em comparação com as 41,6 horas de toda a União Europeia. Nessa medida, os estadunidenses superam todos: uma pesquisa da Gallup constatou que a semana de trabalho havia sido reiteradamente longa nos primeiros anos deste século, com média de quase 47 horas.

O relatório divulgado pela Gallup em 29 de agosto de 2014 mostrou o tempo médio trabalhado por funcionários em período integral alcançou 46,7 horas por semana, aumentando quase um dia inteiro de 8 horas. Apenas 40% dos estadunidenses que trabalham em período integral alegam cumprir pontualmente as 40 horas semanais. Outros 50% dizem que trabalham mais do que isso.

A semana de trabalho é ainda mais longa para trabalhadores assalariados (em média, 49 horas), provavelmente porque os empregadores não precisam se preocupar em pagar horas extras. De acordo com a pesquisa da Gallup, metade dos funcionários assalariados que trabalham em período integral alegam trabalhar 50 horas ou mais por semana. Consulte: https://news.gallup.com/poll/175286/hour-workweek-actually--longer-seven-hours.aspx.

O MUNDO DO TRABALHO HOJE

Enquanto isso, o trabalho como conceito social e econômico está se tornando menos estável nas diversas demografias, em especial entre os que abandonam a escola e pessoas com mais de 50 anos. *The New World Order* [A nova ordem mundial, em tradução livre], um relatório de 2017 feito pela Foundation for Young Australians (FYA), identificou que um a cada três australianos com menos de 25 anos está desempregado ou subempregado; 70% dos jovens vão entrar no mercado de trabalho em empregos que logo serão automatizados ou não existirão mais; e um terço dos postos de trabalho criados na Austrália nos últimos 25 anos eram temporários, de meio-período ou autônomos não registrados. Embora alguns desses novos trabalhos sejam em indústrias em desenvolvimento, com boas perspectivas, muitos são menos seguros, como empregos em centrais de atendimento ou em centros de distribuição vinculados a varejistas on-line, e em breve essas funções serão substituídas por inteligência artificial, automação e robótica.

Uma conclusão importante do relatório é que os trabalhadores australianos correm o risco de perder seu salário mínimo, seu seguro e seus direitos — isto é, as proteções básicas conquistadas e enraizadas após décadas de organização do trabalho.[7] E nisso eles não estão sozinhos.

No entanto, a incerteza laboral não é apenas uma exclusividade da juventude. No outro extremo do espectro etário, um relatório do San Francisco Federal Reserve com base no maior estudo sobre discriminação por idade já realizado constatou que trabalhadores mais velhos têm sido excluídos até de empregos que exigem pouca qualificação. Para testar a hipótese de que a discriminação era uma ampla tendência nos Estados Unidos, os pesquisadores criaram quarenta mil currículos falsos para 13 mil cargos genuínos. Os resultados os levaram a concluir que existe um padrão diferenciado de retorno que é mais alto para os candidatos jovens, menor para candidatos de meia-idade e mais baixo para candidatos mais velhos. Mulheres enfrentam mais discriminação em relação aos homens, possivelmente porque "os efeitos do envelhecimento na aparência física são julgados com mais severidade nas mulheres do que nos homens".[8]

Isso representa um desafio considerável conforme a expectativa de vida mais longa, combinada com um plano previdenciário muitas vezes inadequado, obriga os indivíduos a continuarem trabalhando muito tempo depois da tradicional faixa etária de aposentadoria.

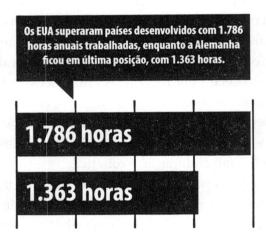

Mesmo para quem tem um emprego estável, a rotina profissional está irreconhecível em relação a apenas algumas décadas atrás. O advento da internet e do smartphone reformulou e redefiniu nossa relação com o trabalho. Uma pesquisa de 2015 sobre executivos estadunidenses encomendada pela Adobe Systems Inc. concluiu que os entrevistados passavam 6,3 horas por dia verificando e-mails. Mais de nove entre dez deles checavam e-mails pessoais no trabalho, e quase a mesma quantidade de trabalhadores monitoravam e-mails de trabalho fora do horário comercial. Entre esses, 30% efetuaram login para checar e-mails antes mesmo de levantar da cama de manhã, e metade fez isso durante os dias de folga.[9]

Indiscutivelmente, para muitas pessoas, o tempo que hoje se gasta conectado ao trabalho durante a noite e nos fins de semana tornou obsoleta a regra do "horário comercial" e substituiu-a por um estado de trabalho permanente, que se reflete em nossos padrões de uso da internet. De acordo com a Ofcom, a entidade reguladora dos serviços de comunicação no Reino Unido, em 2018 os consumidores relataram gastar em média 24 horas por semana on-line, o dobro do que acontecia há uma década, e um a cada cinco adultos admitiu ficar mais de quarenta horas por semana na internet. Dos entrevistados pelo relatório da Ofcom, 15% disseram que os smartphones lhes dão a sensação de estar sempre trabalhando, enquanto 54% admitiram que o uso dos smartphones interrompeu conversas presenciais com amigos e familiares, e 43% disseram que passaram muito tempo on-line.[10]

A intrusão do trabalho na vida pessoal não apenas altera a atividade familiar normal e limita a reflexão que trabalhadores descansados e recarregados costumavam ser capazes de fazer em seu tempo ocioso, mas as consequências na saúde também podem ser severas. A psicóloga ocupacional Christine Grant disse à BBC que "essa cultura 'sempre conectada' traz impactos negativos, pois sua mente nunca está descansando, você não dá tempo ao seu corpo para se recuperar, de forma que está sempre estressado. E quanto mais cansado e estressado estiver, mais erros cometerá. Tanto a saúde física quanto a mental podem ficar abaladas".[11] Não surpreende que o estresse e os problemas de saúde mental (em geral relacionados ao trabalho) possam ser considerados uma pandemia moderna.

Hoje, a qualidade, a duração e a intensidade da vida profissional são determinadas por uma legislação ou organização trabalhista. Se a legislação for corroída, evadida ou desconsiderada, e a organização do trabalho tornar-se uma força gasta, o trabalhador ficará por conta própria. Historicamente, a organização do trabalho foi um dos principais determinantes para a consolidação do limite de horas trabalhadas, alcançando marcos como a jornada de oito horas e a semana de cinco dias. E, como se vê, o Reino Unido e os Estados

Unidos, em contraste com as nações da Europa continental, agora têm movimentos sindicais relativamente enfraquecidos.

No Capítulo Três, exploraremos com mais profundidade como a economia gig e as metodologias de trabalho Agile surgiram como respostas corporativas a esse enfraquecimento, não decretadas pelo governo, mas aplicadas dentro da estrutura empregadora pré--existente. O advento da economia gig, operando fora da legislação trabalhista estabelecida, permitiu que as empresas explorassem os chamados contratos pessoais, com frequência pagando abaixo do salário mínimo estabelecido e privando os trabalhadores dos benefícios padrão enquanto os forçam a trabalhar mais horas para cobrir seus custos de vida.

Além disso, o valor produtivo da economia gig com frequência não se reflete no PIB local, pois os proprietários das multinacionais muitas vezes distribuem os lucros no exterior. Os serviços, por exemplo, o Uber Drive, o Uber Eats ou espaços de trabalho compartilhados, em geral, são oferecidos com prejuízo a fim de obter a fatia de mercado, e são subsidiados por investimento de capital — e há muito capital por trás de um número limitado de oportunidades.

Uma vez que a prática generalizada de exportação de lucros é permitida a partir da exploração de brechas fiscais em muitos territórios, esse modelo com frequência tira do negócio os prestadores de serviço tradicionais e diminui a contribuição local das empresas para as receitas do governo central e local. O imposto gerado pelas atividades locais deixa de cobrir os custos para que o país forneça e mantenha a infraestrutura necessária para dar total suporte a empreendimentos comerciais e sustentar a prosperidade econômica.

O impacto inicial da ainda emergente economia gig, propagada a partir da promessa "trabalhe quando quiser", inclui o prolongamento das horas de trabalho que remonta ao primeiro período industrial, evocando a imagem de massas aglomeradas aguardando nos portões da fábrica. Isso também pode preceder uma extensão da própria vida profissional, não apenas pelo aumento da expectativa de vida, mas também devido à necessidade de salários para suprir a ausência de fundos previdenciários e para atender os custos crescentes da assistência médica.

Enquanto isso, a mudança para as metodologias de trabalho Agile, a desintermediação e a automação de funções básicas dentro de profissões com salários mais altos exercem pressões similares nos funcionários. Em tais ambientes, o sucesso com frequência depende da disposição de se concentrar apenas no trabalho, com a completa exclusão da vida familiar e objetivos externos. Minha experiência pessoal no setor financeiro, a qual explorarei parcialmente no próximo capítulo, é prova disso. Sem a intervenção de algum limite legislativo para todos os participantes, aqueles que tiram férias por lazer ou motivos familiares correm o risco de perder oportunidades de progressão na carreira para os colegas que sacrificam tudo o mais em sua busca de glória. E pode haver implicações especialmente severas entre as pessoas — para mulheres, desproporcionalmente — que fazem uma pausa na carreira para criar uma família ou cuidar de parentes idosos.

Bruce Springsteen ainda é um filho da classe trabalhadora de Nova Jersey, mas seu mais do que merecido privilégio agora o diferencia dos trabalhadores de colarinho azul, entre eles seu próprio pai, que inspirou muitas de suas composições. Ele sabe, e transmitiu em sua música, que o trabalho é uma força definidora da vida humana, e quando vai mal — quando trabalhamos demais, ou quando o trabalho exige muito esforço ou é psicologicamente esmagador, ou se não conseguimos um quando precisamos —, a angústia pode ser profunda. Se extrapolarmos isso para toda a sociedade, descobriremos que muitos dos nossos maiores desafios, desde as mudanças climáticas até transtornos físicos e mentais e disfunções familiares, têm elementos de sua gênese na maneira como trabalhamos hoje.

TRABALHO E FAMÍLIA

Sheryl Sandberg, a segunda no comando do Facebook, conta uma história sobre seus primeiros anos no Google, quando sua rotina era trabalhar de 7h às 19h. Depois que seu primeiro filho nasceu, ela queria chegar em casa do trabalho enquanto ele ainda estava acordado. Por isso, começou a sair do escritório antes das 19h, cobrindo seus rastros com truques como deixar uma jaqueta cobrindo as costas da cadeira.

"O subterfúgio durou anos", de acordo com uma entrevista que Sandberg deu em 2017 para a *Bloomberg*. "Então, em 2012, cerca de um mês antes da oferta pública inicial do Facebook, ela admitiu para um repórter que saía do trabalho regularmente às 17h30. A revelação repercutiu em vários meios de comunicação. Sandberg se preocupou com a possibilidade de que lhe chamassem a atenção ou de que fosse demitida. Em vez disso, sua ousadia foi aclamada por outras profissionais do sexo feminino. As mulheres da equipe jurídica do Yahoo! Inc. lhe enviaram flores com um cartão em que informavam também estar saindo às 17h30."[12]

Esse tipo de malabarismo, necessário até para uma mulher tão privilegiada e relativamente protegida, profissionalmente falando, quanto Sandberg, é familiar a milhões de trabalhadores, estejam suas manobras a serviço de cuidar de crianças, de pais idosos ou da própria saúde mental ou física. O mundo do trabalho agora está enquadrado pelas mais diversas estruturas familiares da história humana. As taxas de fertilidade diminuíram a ponto de quase nenhum país da OCDE ter uma taxa de natalidade acima da taxa de substituição da população: dois filhos por mulher. Conforme o tamanho das famílias diminui, a proporção do número de mulheres na força de trabalho é mais alta que nunca; homens e mulheres estão começando famílias a um ponto mais tardio da vida; e muito mais mulheres — no mínimo 20% e no máximo 40% das que têm entre 20 e 49 anos nos países europeus da OCDE — vivem em famílias sem filhos.[13]

Enquanto isso, o número de matrimônios caiu na OCDE, de 8,1 casamentos a cada mil pessoas em 1970 para uma taxa de 5,0 em 2009, e o número de divórcios aumentou. De acordo com a OCDE, "o declínio nas taxas de matrimônio está relacionado ao surgimento de mais arranjos familiares não tradicionais, incluindo relacionamentos entre parceiros que mantém um local comum de residência, 'relações de fim de semana', casais que moram separados e parcerias civis. A coabitação está aumentando e, uma vez que mais pessoas começam a morar juntas antes do casamento, as pessoas estão mais velhas quando se casam... Em quase todos os países da OCDE, é mais provável que a geração mais jovem (entre 20-34 anos) esteja coabitando do que a geração anterior durante a mesma faixa etária".[14] É muito provável que isso seja um reflexo de dois temas comuns. Em muitos países, a acessibilidade do custo de uma habitação diminuiu acentuadamente — e onde antes indivíduos solteiros podiam ter condições de alugar ou comprar sua casa própria, agora duas rendas são necessárias. Além disso, agora está amplamente difundida a visão de que o casamento não é mais um pré-requisito para iniciar uma família.

Projeções detalhadas produzidas por algumas nações da OCDE preveem mudanças nas estruturas domésticas entre 2025 a 2030: o número de casas de uma só pessoa deve crescer em todos os países para os quais há projeções disponíveis, com a estimativa de aumento de até 73% na Austrália, 71% na Nova Zelândia e 60% no Reino Unido.[15] Espera-se que a proporção de famílias monoparentais com crianças aumente, assim como o número de casais sem filhos.[16]

Uma avaliação da OCDE sobre a posição das mulheres que precisam lidar com as exigências do trabalho e da vida doméstica são validadas pela história que Sandberg contou sobre deixar o casaco na cadeira, e enfatiza o motivo por que, muitas vezes, as mulheres são percebidas pelos empregadores como uma opção pior a longo prazo:

> Empregadores sabem que as mães precisam fazer escolhas entre trabalho e família. Na verdade, muitos empregadores esperam que as mulheres, independentemente de seu nível de escolaridade, se retirem (ao menos temporariamente) da força de trabalho após o casamento ou o parto e, portanto, são mais propensos a considerar mulheres menos comprometidas com a carreira do que os homens. Como resultado, é menos provável que os empregadores invistam na perspectiva de carreira de suas funcionárias. De certa forma, é um círculo vicioso: as trabalhadoras recebem incentivos limitados para seguirem uma carreira e, se elas percebem ser menos provável serem promovidas do que os homens, aumenta a probabilidade de que deixem a força de trabalho, reforçando o estereótipo. Isso se aplica à maioria dos países da OCDE em certa medida.[17]

Essa atitude negativa em relação a um equilíbrio efetivo entre trabalho e vida doméstica também afeta os funcionários do sexo masculino. Ver a desvantagem de suas colegas enquanto tentam se equilibrar na corda-bamba entre casa e trabalho reforça a ideia de que homens que trabalham em período integral não podem contribuir significativamente com os deveres domésticos e familiares sem que isso afete negativamente suas carreiras. É inevitável que as famílias reconheçam a economia dessas decisões, os homens — que em geral estão ganhando mais do que suas parceiras — continuam trabalhando em período integral, o que reforça as disparidades salariais entre homens e mulheres e a divisão desigual do trabalho doméstico.

A anedota de Sandberg é reveladora não apenas em relação a como as trabalhadoras podem se sentir presas em uma terra árida para as mulheres, entre o trabalho e a casa, mas também a como a produtividade de um trabalhador costuma ser medida. Como é possível que seja considerado "ousadia" uma mãe que começou seu dia de trabalho às 7 horas deixar o posto 10,5 horas depois para cuidar de seu filho pequeno?

Em nenhum lugar dessa história é sugerido que houve qualquer declínio no valor da contribuição de Sandberg para os negócios porque ela diminuiu algumas horas de sua carga horária semanal sem a permissão do RH. Na verdade, o fato de que ninguém percebeu isso até ela confessar publicamente sugere que sua produtividade não foi afetada quando abreviou seu dia no escritório.

Para ser justo, Sandberg é provavelmente um ponto fora da curva. Ela é uma das mulheres mais bem-sucedidas na história da tecnologia, uma indústria conhecida por não ter um equilíbrio saudável de gênero. Mas, ao fazer essa admissão pública sobre seu horário de trabalho e seus medos em relação à resposta do empregador, Sandberg, sem querer, revelou uma das verdades do trabalho na era digital moderna: poucos empregadores sabem como medir a produção, de forma a avaliar o valor de um funcionário pelo número de horas que ele passa em sua mesa.

O PROBLEMA DA PRODUTIVIDADE

Cada vez menos pessoas trabalham em linhas de montagem, e cada vez mais trabalham em laptops, de forma que uma medida de produtividade baseada no número de horas que um indivíduo passa em uma mesa todos os dias é problemática por uma série de razões, e não apenas pela forma como essa ideia recompensa a hiperconectividade que está se provando um problema para atividades sociais e familiares normais.

Sobre o que estamos falando quando o assunto é produtividade? O jornal *The Independent*, do Reino Unido, fornece uma definição simples:

> Refere-se à quantidade de trabalho produzido por um trabalhador ou por hora trabalhada. Portanto, se um padeiro produz dez pães em uma hora de trabalho, sua produtividade pessoal na panificação são dez pães por hora. No contexto de toda a economia,

> a produtividade se refere à quantidade de PIB (o valor de todos os bens e serviços) em um período dividido por todas as horas trabalhadas por todos os trabalhadores da economia durante o mesmo período.[18]

Um complicador é que, para os muitos trabalhadores que não são responsáveis pela produção de bens tangíveis para venda direta, os empregadores devem calcular a) o que constitui o resultado desse trabalhador; e b) qual a quantidade apropriada desse resultado, ou produtividade diária por trabalhador. O artigo da *The Economist* que inspirou a minha semana de quatro dias citou estudos que demonstravam que os trabalhadores britânicos eram produtivos por uma média de 2,5 horas por dia, e trabalhadores canadenses por apenas 1,5 horas dentro do padrão de oito ou nove horas trabalhadas por dia.

Uma pesquisa de 2017 feita no Reino Unido com quase dois mil empregados de escritório que trabalhavam em período integral descobriu que o tempo médio que eles passavam trabalhando era de 2 horas e 53 minutos por dia (uma contagem um pouco mais generosa do que a média citada pela *The Economist*). Os funcionários gastavam o tempo usando redes sociais e lendo sites de notícias, fazendo ligações e trocando mensagens pessoais, conversando com colegas sobre assuntos não relacionados ao trabalho, procurando novos empregos, fazendo pausas para fumar e preparando alimentos e bebidas.[19]

O fato de que os empregadores desses trabalhadores aparentemente não estão questionando o verdadeiro nível de produção das pessoas que têm se apresentado para uma semana de trabalho completa de 37 a 40 horas demonstra que muitos líderes sabem pouco sobre a produtividade — real ou teórica — de quem trabalha para eles.

Entre os entrevistados, 79% responderam não à pergunta "Você se considera produtivo durante todo o dia de trabalho?", e 54%

admitiram que as distrações já mencionadas tornavam a jornada de trabalho "mais tolerável".[20]

Esse último comentário é bastante revelador dos efeitos do estresse relacionado ao trabalho. Aqueles que gastam mais tempo no translado ou que trabalham em empresas ou indústrias com a expectativa de conectividade fora do horário comercial podem usar essas atividades extracurriculares como uma maneira de conseguir um tempo ocioso que de outra forma não poderiam obter.

LEVADOS À DISTRAÇÃO

É difícil se livrar da impressão de que, em números crescentes em todo o mundo desenvolvido, os trabalhadores estão sendo levados a uma sala trancada, de onde só se pode escapar a partir de um evento excepcional — uma sorte inesperada como ganhar na loteria ou receber uma grande herança.

Na Nova Zelândia, onde a relação valor da moradia/renda é a terceira maior do mundo, depois do Canadá e da Irlanda,[21] os trabalhadores de Auckland, a maior e mais cara cidade onde comprar ou alugar imóveis, têm fugido para as províncias em tão larga escala que as escolas agora estão construindo casas e montando academias e serviços de assistência à infância para atrair e manter funcionários.[22]

Certamente, as mudanças extremas nos padrões de trabalho e cuidados familiares vieram acompanhadas de um aumento no custo de vida em países desenvolvidos, com o disparo no custo da moradia. Nos últimos cinco anos, os preços das casas aumentaram cerca de 35% nas principais cidades. A presidente do Los Angeles Business Council, Mary Leslie, enfatiza o efeito do valor da moradia e o correspondente aumento do aluguel para os trabalhadores da cidade: "Haverá um ponto de ruptura para funcionários forçados a escolher entre aluguéis supervalorizados, condições precárias ou translados longos... A habitação não é um problema isolado — acarreta um efeito dominó que vai muito além do mercado imobiliário."[23]

Uma vez que os custos de moradia têm exigido uma parcela maior dos salários dos trabalhadores, surgiu um novo termo: o supertranslado pendular. Nos Estados Unidos, um a cada trinta e seis trabalhadores pendulares — quase 4 milhões de pessoas — satisfaz essa definição ao levar 90 minutos ou mais no percurso para o trabalho todos os dias, em geral localizado em grandes cidades com economias fortes.

De acordo com uma análise, um fator chave é que "as novas habitações estão sendo construídas nas periferias das grandes cidades, em vez de em núcleos urbanos e subúrbios internos, o que força muitos trabalhadores a fazer translados mais longos em troca de preços mais baixos de moradia".[24] Outro relatório concluiu que a longa sombra da crise econômica global é um fator para o supertranslado pendular; muitos trabalhadores que foram afetados pela crise de 2008 estão relutantes em se mudar.[25]

Conhecemos há algum tempo o efeito debilitante do deslocamento pendular prolongado na saúde humana. Um estudo científico de 2001 com mais de 400 trabalhadores pendulares alemães, cerca de 90% dos quais gastam mais de 45 minutos no trajeto entre o trabalho e a casa, descobriram que o número de trabalhadores que relatavam dor, tontura, exaustão e privação severa do sono foi duas vezes mais alto do que no grupo de controle de trabalhadores não pendulares. O líder do estudo descreveu a condição psicossomática do grupo como "terrível" e disse que, entre as pessoas que percorriam longas distâncias, "31% dos homens e 37% das mulheres tinham, do ponto de vista médico, uma necessidade evidente de tratamento".[26]

Outros estudos, de acordo com a revista *Scientific American*, "demonstram que trabalhadores que usam transportes públicos sofrem com maiores taxas de infecção, e os que dirigem para o trabalho têm maior incidência de doenças articulares".[27]

O MUNDO DO TRABALHO HOJE

Um estudo sociológico separado, com trabalhadores que se deslocam longas distâncias, também na Alemanha, descobriu que quase 60% dos entrevistados não tinham tempo para amigos ou outros interesses sociais. Pesquisadores do Institute for Empirical Research in Economics, da Universidade de Zurique, analisaram milhares de lares alemães anualmente, de 1985 a 1998, e concluíram que "a cada minuto a mais que um trabalhador gaste para chegar no trabalho, menos satisfeito ele estará com a própria vida".[28]

Os pesquisadores calcularam que, entre os alemães que se deslocavam duas horas por dia e aqueles com média de deslocamentos diários de 40 minutos, a diferença de satisfação era tão grande que seria necessário um aumento salarial de 40% para compensar a infelicidade dos trabalhadores que se deslocavam mais.[29] Além disso, quanto mais longo era o translado, menor a capacidade do trabalhador de ser produtivo, o que só pode aumentar a insatisfação.

É preciso pensar nos efeitos prejudiciais do movimento pendular. Deslocamentos maiores para o trabalho significam mais congestionamento no trânsito, que trazem outros problemas relacionados. Por exemplo, em 2011, os engarrafamentos custaram aos estadunidenses 5,5 bilhões de horas a mais de tempo de viagem e 2,9 bilhões a mais de galões de combustível, a um preço total de 121 bilhões de dólares e quase 26 bilhões de quilos em emissões de dióxido de carbono.[30] Esse número é referente a um ano em um único país, e os efeitos de congestionamentos foram medidos de acordo com níveis normais de tempo, combustível e emissões associados ao deslocamento para o trabalho. Se extrapolarmos essas medidas a todo o mundo desenvolvido, os custos reais são praticamente incalculáveis.

NA SAÚDE E NA DOENÇA

Dados estatísticos e evidências anedóticas nos informam que hoje o trabalho, exacerbado pela expectativa dos empregadores de que os funcionários estejam "sempre conectados" e pela relutância ou incapacidade dos trabalhadores de escapar do alcance da tecnologia, não apenas está excluindo outras atividades — na verdade, está nos deixando doentes. Conforme os dias de trabalho são prolongados por longos deslocamentos que privam as pessoas de descanso e de tempo para a família e os amigos, o próprio local de trabalho foi identificado como um causador e intensificador de transtornos mentais. Esse fenômeno não é exclusividade dos funcionários de escritório: afeta muitos trabalhadores em diversas áreas, desde fábricas às salas de aulas, hospitais e lojas de varejo.

No Reino Unido, o estresse, ansiedade e depressão relacionados ao trabalho agora representam 57% de todos os dias úteis perdidos por problemas de saúde. A Society of Occupational Medicine informa que, a cada ano, cerca de 400 mil trabalhadores britânicos relatam distúrbios que atribuem ao estresse laboral.[31] Entre 2017 e 2018, 15,4 milhões de dias úteis foram perdidos por distúrbios psiquiátricos laborais, mais do que os 12,5 milhões do ano anterior,[32] acumulando um custo de desempenho produtivo para empregadores e profissionais autônomos entre 33,4 e 43 bilhões de libras esterlinas por ano, além da perda de receita com impostos ou seguros nacionais entre 10,8 e 14,4 bilhões de libras esterlinas por ano.[33]

Essas estatísticas não são isoladas: elas representam amplamente o que estamos vendo em grande parte do mundo. Um artigo da revista *New Zealand Listener* sobre depressão e ansiedade no ambiente de trabalho citou uma pesquisa de 2016 da London School of Economics, realizada em oito países (incluído os Estados Unidos, o México e o Japão), que "observou o efeito da depressão no trabalho e os custos associados tanto ao absenteísmo quanto ao presenteísmo (quando você vai trabalhar, mas não funciona no seu nível normal). [O pesquisador] descobriu que esse era um problema considerável em todos os países, independentemente de seu desenvolvimento econômico, e estava custando ao todo 246 bilhões de dólares por ano".[34]

As causas dos transtornos de saúde mental iniciados ou exacerbados pelo trabalho são em geral bem compreendidas. A World Health Organization identifica políticas inadequadas para saúde e segurança no trabalho como fatores de risco, assim como práticas precárias de comunicação e gerenciamento, baixos níveis de estímulo dos funcionários, horário de trabalho inflexível e tarefas ou objetivos organizacionais pouco nítidos, além do baixo controle sobre sua área de trabalho. A organização também observa que ser responsabilizado por tarefas inadequadas às suas competências constitui risco ao trabalhador, assim como cargas altas e implacáveis de trabalho, bullying e assédio moral são causas comumente relatadas de estresse laboral e consequentes transtornos físicos e psicológicos.[35]

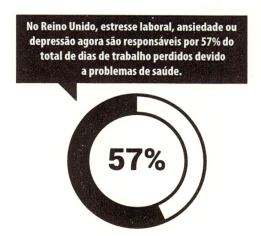

Um amplo estudo com mais de 70 mil trabalhadores de meia-idade feito pelo Black Dog Institute confirma isso. Descobriu que "pessoas que sofrem com maiores demandas, menor controle e mais tensão no trabalho têm mais chances de desenvolver distúrbios mentais aos 50 anos, independentemente de sexo ou profissão".[36]

Se o mundo do trabalho fosse congelado como é hoje, haveria um quadro enorme de uma produção econômica a um custo humano e ambiental igualmente vasto. As pessoas estão indiscutivelmente mais do que nunca conectadas ao trabalho — e, em muitos casos, sobrecarregadas — e as cargas de trabalho mais pesadas têm tido um efeito esmagador. Enquanto isso, a produtividade individual é afetada pelas estruturas do local de trabalho, que recompensam o presenteísmo, e não a produção, e pelas influências macroeconômicas que elevam o tempo de deslocamento e separam as famílias por quase todas as horas do dia que estão acordadas. Ao menos algum poder deve estar nas mãos dos trabalhadores — então o que eles estão tentando fazer em relação a isso?

EM RESUMO

- Na era digital, muito poucos empregadores sabem como medir a produção, por isso o valor de um funcionário é avaliado pelo número de horas que ele passa em sua mesa.

- Mudanças nas estruturas familiares e alterações extremas no trabalho e nos padrões de assistência familiar foram seguidas de um aumento do custo de vida nos países desenvolvidos, em especial dos custos de moradia, que dispararam. A tendência de "supertranslado pendular", consequência de tais mudanças, é um dos fatores nos níveis epidêmicos de estresse e transtornos laborais.

- Conforme a "regra" da semana de 40 horas se dissolve com o aumento das horas trabalhadas em grande parte do mundo, o trabalho como conceito social e econômico está se tornando menos estável entre variadas demografias, em especial entre as pessoas que não concluíram uma educação formal e as que têm mais de 50 anos.

- Para muitos trabalhadores sujeitos à instabilidade no emprego, a economia gig, embora atraente, é uma armadilha. A tecnologia

— que possibilita o compartilhamento — é a mesma ferramenta que interfere no descanso, no relaxamento e na socialização fora do trabalho. Muitos empregadores têm a expectativa de que seus funcionários fiquem "sempre conectados", e os trabalhadores relutam em escapar do alcance tecnológico ou simplesmente não conseguem, de forma a contribuir para a hiperconectividade que pode desencadear ou exacerbar o estresse laboral.

CAPÍTULO DOIS

A resposta dos trabalhadores

CULTURA DA RALAÇÃO

Não existe um manual que ensine a como ser um trabalhador na era digital. As convenções de trabalho seguidas pelos pais e avós dos *millennials* foram substituídas, ou, no mínimo, deslocadas. Agora, as mulheres têm quase a mesma probabilidade que os homens de realizar trabalho remunerado fora de casa e, com o advento do e-mail, para muitos funcionários de escritório e outros profissionais, o conceito de dia de trabalho definido acabou há muito tempo, tão ultrapassado quanto o telefone de flip. O plantão no trabalho, antes uma demanda de profissões que lidam com a vida e a morte, como médicos de emergências, obstetras ou bombeiros, alcançou a maioria das áreas dos colarinhos-brancos. Os executivos podem logar em seu e-mail a qualquer hora, em qualquer lugar.

Os *workaholics* sempre estiveram entre nós, mas antes a compulsão pelo trabalho era entendida como uma escolha ou, na pior das hipóteses, o produto da cultura de uma empresa específica, não a manifestação de uma demanda cultural amplamente reconhecida.

Isso não é mais verdade. O jornalista Dan Lyons diz que a cultura tecnológica transformou o estresse e o excesso de trabalho em questões modernas, e essa atitude está se disseminando entre outras áreas. Em seu livro *Lab Rats: How Silicon Valley Made Work Miserable for the Rest of Us* ["Ratos de Laboratório: como o Vale do Silício tornou o trabalho horrível para todos nós", em tradução livre], ele escreve que os locais de trabalho de hoje são uma mistura de fraternidade, jardim de infância e um Centro de Avaliação da Cientologia. A prevalência de testes de personalidade ("Quando decidimos que nosso empregador podia espiar nosso cérebro?") é um exemplo de como as empresas estão fazendo nos funcionários experiências com efeitos muitas vezes prejudiciais, conforme Lyons contou à Radio New Zealand em uma entrevista de março de 2019:

> Estamos no início desta "Quarta Revolução Industrial", e de alguma forma as empresas começaram a acreditar que tudo o que fizeram nos últimos 100 anos, a forma como se organizaram, tudo é obsoleto, não faz mais sentido algum, o mundo mudou e o trabalho precisa mudar também.
>
> Há alguma verdade nisso, mas a parte ruim é que ninguém sabe o que funciona. Assim, as empresas estão empenhadas nessas experiências contínuas que essencialmente utilizam os seres humanos, funcionários, como ratos de laboratório, tentando uma coisa e depois outra, e querem nos tornar "ágeis", "econômicos", "hábeis" e "adaptáveis". Há um zilhão de novas teorias circulando e as empresas estão adotando uma ou mais delas, o que torna exaustivo para os funcionários estar no meio disso.[37]

Em alguns casos, os trabalhadores estão sendo convencidos desta ideia. Lyons aponta para o fato de que os próprios funcionários da Amazon se autodenominam "Amabots", que se esforçam para se encaixar em um "algoritmo de otimização de desempenho" que mede todas as facetas de seu trabalho. "Agora, quando vamos trabalhar, parece que não estamos usando a tecnologia; é a tecnologia que está nos usando. A tecnologia agora é o que é mais importante para a empresa, e você é apenas um coadjuvante nisso, você só chega

A RESPOSTA DOS TRABALHADORES 41

e conecta a máquina, e no fim do dia a desconecta, e seu sucesso depende de fazer isso bem, de se tornar um bom dispositivo. É muito desumanizador."[38]

A colisão entre tecnologia e desempenho está expandindo o papel do trabalho em nossas vidas, dizem outros estudiosos. No *The New York Times*, Eric Griffith identifica o "workaholismo performativo" de uma nova cultura de trabalho apelidada de "cultura da ralação". Seus expoentes incluem Elon Musk, que diz: "ninguém nunca mudou o mundo em 40 horas semanais". Ele considera razoável uma semana de 80 horas.

Griffith teoriza que o trabalho incessante esteja preenchendo outro vazio.

> Talvez todos tenhamos ficado um pouco desejosos de significado. O envolvimento com organizações religiosas está decaindo, especialmente entre os *millennials* estadunidenses. Em São Francisco, onde moro, notei que o conceito de produtividade assumiu uma dimensão quase espiritual. Os amantes de tecnologia daqui internalizaram a ideia — enraizada na ética protestante do trabalho — de que o trabalho não é algo que se faz para conseguir o que se deseja; o trabalho em si é tudo. Portanto, qualquer truque de produtividade ou prerrogativa da empresa que otimize seus dias e lhes permitam trabalhar ainda mais não é apenas desejável, mas inerentemente bom.[39]

Alguns dos trabalhadores imersos na cultura da ralação vão prosperar, e talvez aqueles com uma ética de trabalho hercúlea, amor pelo que fazem e poucos compromissos fora do trabalho se sentirão genuinamente recompensados. Mas o CEO bilionário da Tesla Motors trabalha mais de 100 horas por semana por opção. E se alguém precisa fazer isso apenas para sobreviver, ou porque a cultura da empresa ou da indústria o exige, algo está extremamente errado.

A ARTE DA AUTOGESTÃO

As listas de livros mais vendidos têm sido ocupadas por títulos cheios de conselhos sobre como podemos ser melhores e, agora que idealizadores descobriram como espalhar suas mensagens pelas plataformas (por exemplo: o percurso cheio de alegria de Marie Kondo, dos livros para a Netflix), o autoaperfeiçoamento pode ocorrer em qualquer lugar.

Até uma crítica literária que analisou o best-seller *Trabalho focado: Como ter sucesso em um mundo distraído*, de Cal Newport, sentiu-se estimulada a seguir as regras do livro que estava avaliando, chamando seu iPhone de um "mau inquilino" que deveria ser banido de sua vida. Ela relatou que, ao chegar à página cem, já havia desligado o laptop, havia comprado um despertador para usar no lugar do alarme do telefone e pediu ao irmão para bloquear seu acesso ao Twitter.[40]

O livro é irônico e um pouco explícito, mas captura perfeitamente os perigos da conectividade e a dificuldade que os trabalhadores sentem em se distanciar da tecnologia, principalmente se seu trabalho depende total ou parcialmente de uma conexão à internet. Como diz a crítica, "Muitos de nós conseguiriam abrir mão do e-mail tanto quanto poderiam dispensar eletricidade ou água corrente."[41]

Se pesquisarmos no Google a frase "truques de produtividade no trabalho", receberemos cerca de 71 mil resultados, com conselhos sobre como "facilitar a vida na mesa de trabalho" e "fazer o dia no escritório ficar instantaneamente mais divertido". A web está repleta de dicas sobre como melhorar a produtividade pessoal, e isso antes mesmo de chegarmos aos livros e aos podcasts. Da mesma forma, a categoria sobre trabalho no TED tem palestrantes que nos dizem como trabalhar com mais inteligência, mais felicidade, como aprender o significado do trabalho, descobrir por que deveria tratar a tecnologia que usa no trabalho como um colega. Se quiser, você pode buscar a "revolução do *side-hustle* baseada na ralação" (ou do freela que te faz feliz, em uma tradução aproximada) pelo portal do TED.[42]

A RESPOSTA DOS TRABALHADORES

Muitos trabalhadores estão discutindo como usar a internet para melhorar suas vidas enquanto gerenciam o grau de intrusão tecnológica. Um estudo realizado pelo dr. Larry Rosen, especialista em impacto tecnológico e professor emérito da Universidade do Estado da Califórnia, descobriu que aqueles com níveis mais altos de uso das mídias sociais têm mais sintomas de transtornos psiquiátricos — e, como sabemos, muito do tempo improdutivo no local de trabalho é explicado por visitas a sites populares, incluindo as redes sociais.[43]

Para alguns trabalhadores, a solução pode estar nos programas de software que bloqueiam determinados sites ou até interrompem o acesso à internet por certo período. O fundador do Freedom, um desses aplicativos, afirma que mudanças nas rotinas de trabalho, como o aumento no trabalho remoto, significam que as pessoas precisam de ajuda para manter a produtividade e reduzir as distrações.[44]

O livro *Trabalhe 4 horas por semana*, de Timothy Ferriss, vendeu 1,3 milhões de cópias desde a sua publicação em 2007, e a popularidade de suas mensagens — 9h às 17h é um horário arbitrário; você não precisa viver atrás de uma mesa até se aposentar; a liberdade espera por você — é perene, ainda que resenhistas como Meagan Day, da revista *Jacobin*, tenham reduzido o livro a "dezenas de páginas de autoajuda e clichês de gerenciamento de tempo" seguidos de uma "solução mágica: *siga seus passos e se torne um falso especialista!*"[45] Não está evidente quantas pessoas seguiram o conselho de Ferriss e se emanciparam de sua mesa de trabalho.

Na vida real, quase ninguém está lamentando seu vínculo com a escrivaninha, ou que o trabalho em si não seja divertido o suficiente. Acontece que muitas pessoas gostam de seus trabalhos, mas nunca houve uma expectativa cultural de que o trabalho fosse o lugar para onde você vai, ou algo que você faz, quando quer se divertir.

No entanto, como vimos no Capítulo Um, os profissionais estão ficando mais doentes *por causa* do trabalho, e muitos têm feito o que sentem ser necessário para gerenciá-lo. Curiosamente, os trabalhadores estão protegendo cada vez mais seu bem-estar por meio do que chamam de "dias para a saúde mental". O caso de uma programadora de rede de Michigan que solicitou dois dias de licença médica para se concentrar em sua saúde mental exemplifica um ideal. Em um tuíte de 2017, desde então compartilhado mais de 15.500 vezes, ela observou que seu chefe não apenas aprovou a licença, mas agradeceu a ela por ter ajudado a "ultrapassar o estigma" da saúde mental.[46]

Em uma coluna de 2018 no site *Stuff*, Tony Stevens escreveu que se sentia culpado ao tirar um dia pela saúde mental quando estava sob estresse extremo e que, "em todo o mundo, a resposta cultural à saúde mental no trabalho é preocupante... Os locais de trabalho não acompanharam as importantes discussões que têm acontecido na sociedade em geral". Ele afirma que profissionais com necessidades de cuidados psicológicos muitas vezes não se sentem seguros ao contar isso para o chefe, e "muitos empregadores não atribuem o mesmo respeito à segurança mental que dão à segurança física", embora "a Organização Mundial da Saúde alerte que transtornos mentais serão a principal causa de incapacidade e ausência no local de trabalho até 2030, caso não façamos nada agora".[47]

Há formas de corrigir o problema, diz Stevens, mas é preciso que todos desejem a mudança; os empregadores devem incentivar dias de folga para proteger e restaurar a sanidade mental, e os funcionários não devem tentar aguentar a situação e continuar sofrendo. Obviamente, há pouco que os trabalhadores possam fazer diante de um empregador intratável ou insensível, e chefes não podem agir fora do quadro legislativo. Stevens também recomenda uma alteração da lei para proporcionar que os trabalhadores tenham direito a mais dias de licença médica, e que a sanidade mental seja referenciada como um motivo válido para usar esse direito.[48] Os trabalhadores não podem remover todos os obstáculos sozinhos, e o próprio status de funcionário limita a capacidade de exigir ou impor todos os direitos de que eles precisam.

A RESISTÊNCIA

Sabemos que mudanças revolucionárias nas estruturas trabalhistas — do tipo que melhoram consideravelmente a vida dos trabalhadores, como reduções obrigatórias de carga horária e direito a licenças abrangentes — só aconteceram, historicamente, quando organizações trabalhistas e trabalhadores uniram seus esforços e habilidades.

Uma vez que padrões antigos como a carga horária de oito horas diárias são definidos sob a pressão informal, mas implacável, de interesses corporativos (que abordaremos no Capítulo Três), avanços adicionais contra as mudanças nas regras trabalhistas têm sido feitos pelos próprios trabalhadores. Um caso emblemático no Reino Unido, que abordou o status empregatício de um encanador, exemplifica o progresso liderado por funcionários.

Gary Smith trabalhou para a Pimlico Plumbers por seis anos e, apesar de seu status como "trabalhador autônomo", sustentava que era um "trabalhador" com os correspondentes direitos trabalhistas avaliados sob a lei, como férias remuneradas. A Pimlico Plumbers, fundada em 1979, é a maior empresa de encanamentos independente em Londres. A empresa deixou de pagar as taxas PAYE (pague conforme ganha) e o seguro nacional para os funcionários ao contratá-los como "empreiteiros independentes", responsáveis por pagar seu próprio imposto.[49]

Em resposta a um apelo da Pimlico Plumbers, a Suprema Corte confirmou decisões anteriores feitas pelo Employment Appeal Tribunal e pela Court of Appeal, um tribunal de recursos, e considerou que "o fato de que a Pimlico exercia um rígido controle administrativo sobre Smith, impunha condições em relação a quanto lhe pagava, suas roupas e seu aspecto no trabalho, e restringia sua capacidade de realizar trabalho semelhante para concorrentes, caso mudasse de empresa, apoia a conclusão de que ele era um "trabalhador", e não genuinamente autônomo".[50]

Como foi relatada na época, em junho de 2018, a decisão quanto a um encanador aparentemente autônomo tem implicações em todas as organizações do Reino Unido que operam na economia gig, em que trabalhadores são tratados como autônomos ou como contratados independentes mesmo quando as companhias controlam quando, onde e como eles trabalham.

Está nítido que há uma comoção crescente a favor dos já estabelecidos direitos dos trabalhadores. Na esteira do caso dos encanadores da Pimlico, o tribunal de recurso do Reino Unido confirmou a decisão do Employment Appel Tribunal de que a Uber estava errada ao classificar seus motoristas como profissionais autônomos, e que os direitos básicos como salário mínimo e férias deveriam ser garantidos a eles.[51]

A defesa técnica padrão da Uber contra tais desafios — o argumento de que não é um empregador, mas um agente que conecta motoristas independentes a seus clientes — encontrou uma recepção fria nos tribunais, mas a empresa se mantém firme à sua promessa principal. Após a decisão do tribunal de recurso, um porta-voz da empresa avisou que, se os motoristas fossem classificados como trabalhadores, inevitavelmente perderiam alguma liberdade e flexibilidade. A Uber vai apelar à Suprema Corte.

Embora esses casos tenham criado um precedente para que os trabalhadores usem os tribunais com o objetivo de garantir — ou restaurar — benefícios trabalhistas convencionais, parece haver pouca vontade a nível legislativo para acrescentar proteções em todos os contratos. Talvez os legisladores sintam-se mais à vontade à margem: é mais fácil assistir o judiciário resolver o problema do que arriscar sofrer a ira das grandes empresas ao lidar com o problema eles mesmos.

Caso optassem por agir e poupar aos trabalhadores os típicos custos elevados de uma ação legal, há duas saídas legislativas óbvias. A lei poderia ser emendada para estipular que todos os contratos tenham benefícios associados, ou que certos tipos de contratos são considerados contratos empregatícios. Hoje, o Reino Unido é o país mais próximo de ter uma categoria de "trabalhador" com o direito de receber todos os benefícios trabalhistas, exceto indenização (remuneração legal) e demissão sem justa causa.

É o início de um novo movimento trabalhista? A resistência crescente ao modelo de contrato independente poderia se estender à erosão contínua dos direitos dos trabalhadores pelas empresas como resultado do desenvolvimento da cultura da ralação e da hiperconectividade? Minha própria experiência sugere que até o mais esforçado entre nós tem um limite, um ponto de ruptura, e assim que você perde o controle, não há como voltar.

O ESTRESSE E A CIDADE

Meu ponto de ruptura como trabalhador foi acompanhado por uma epifania. Após dez anos no Macquarie Group, na Austrália, um dos bancos de investimento mais reconhecidos do mundo, eu alcançara o cargo de Diretor Executivo, uma das posições executivas sêniores do grupo, e era responsável pelas operações bancárias de varejo e pelos investimentos private equity (ou investimento de capital privado). Segundo todas as medidas de sucesso naquela indústria selvagem, eu era um vencedor. Mas meu casamento havia desmoronado, e a cultura prevalecente do meu local de trabalho havia se tornado tóxica, com intimidação interpessoal e extraordinária crueldade competitiva. O trabalho era nada mais do que um teste de resistência, e eu odiava a minha vida.

Tudo isso era esperado, é óbvio. Meus anos de formação no setor financeiro, antes da Macquarie, tinham sido na cidade de Londres da década de 1980, onde o trabalho era definido como um cronograma punitivo. Ao que parecia, para competir com nossos rivais, os bancos de investimento estadunidenses, tínhamos que chegar ao escritório antes que o mercado de ações de Tóquio fechasse, às 7h30, e sair depois que a bolsa de Nova York abrira, 12 horas depois. Contando com o trajeto que eu fazia e com os caprichos da ferrovia britânica, isso significa que eu acordava logo após as 5h e chegava em casa depois das 22h.

Esse padrão permaneceu até uma noite no escritório, quando meu chefe, Harry, perdeu o controle bem na minha frente. Eu tinha sido ensinado desde quase o primeiro dia de trabalho que ir embora antes do meu gerente era suicídio profissional, ainda que ele morasse muito mais perto do escritório, e obedecer a essa regra significava renunciar a muitas horas de descanso necessário. Quando testemunhei Harry sucumbindo à pressão sobre-humana da cultura de nossa indústria, entendi pela primeira vez que ele sofria a mesma pressão que eu. Ele dirigia seus subordinados com tanta firmeza porque precisava de sua equipe para manter um padrão que impressionasse seus superiores.

O colapso mental público de Harry não teve efeito algum entre os gestores acima dele. O diagnóstico de estresse pós-traumático ainda não havia sido identificado, e qualquer discussão sobre sanidade mental no local de trabalho ainda estava a anos de distância. Para dar crédito a Harry, ele reagiu ao seu próprio momento de crise mudando tudo o que pôde. Eu ainda precisava me levantar antes do amanhecer para participar das reuniões matinais da empresa, mas agora só tinha que trabalhar de 10 a 12 horas por dia, e conseguia adiantar o horário do trem para casa. Harry foi a primeira pessoa com quem trabalhei a reconhecer que a equação da produtividade não era calculada com base no número de horas trabalhadas, e que sua equipe podia ser tão produtiva quanto antes em um dia mais curto de trabalho. Infelizmente, o colapso mental de Harry devido ao estresse do trabalho não seria o último que eu testemunharia em minha carreira na cidade.

Outros encontraram compensações que faziam a histeria capitalista da era do Big Bang parecer um humor ácido. Dois dos meus amigos da universidade estavam trabalhando para um banco japonês, em Londres, no qual ser a última pessoa a deixar o escritório era considerado uma honra. Meus amigos decidiram usar essas noites de trabalho como uma arma para superar seus chefes, e fa-

A RESPOSTA DOS TRABALHADORES

ziam dinâmicas a noite toda — revezando-se para sair e retornar ao escritório —, com o objetivo de ficar mais tempo do que seu líder de equipe japonês conforme cada um obtinha a pausa de que precisava e, com sua criatividade, evitando qualquer penalidade.

Por fim, a gerência cedeu. A "solução" que encontraram foi instalar um quarto no escritório para que os executivos seniores pudessem descansar, e ninguém do grupo fosse humilhado. A equipe não tinha o direito de questionar o cronograma de punição exigido deles pela instituição; em vez disso, uma solução foi fabricada de forma a permitir que os próprios gerentes pudessem sobreviver ao mesmo regime que estavam infligindo aos empregados.

Por mais extremo que possa ter sido, acabei me acostumando à cultura da cidade, e não me surpreendi quando me mudei para a Austrália e meu chefe na sede de Londres me ligava com frequência às duas da manhã. Era um horário comercial conveniente para ele, e nunca havia sido feita uma concessão pela diferença de fuso horário.

Conforme meus vinte anos passavam em um borrão de trabalho sem fim, minha vida pessoal ficava no banco traseiro. Na verdade, nem estava no carro, mas correndo atrás, pouco visível através de uma nuvem de poeira. A solução que muitos de meus colegas encontraram foi namorar outras pessoas do trabalho — do contrário, o casal nunca se veria. Na Austrália, em uma sessão de encerramento de documentação, uma jovem advogada me disse que considerava aquelas reuniões longas e intensas como encontros rápidos — era a sua melhor chance de conhecer alguém. Eu sabia o que ela queria dizer; quando enfim me casei, foi com uma colega de trabalho.

Durante muito tempo, minha filosofia foi um produto dessa cultura. Trabalhar demais e tratar as pessoas como cavalos de corrida — ser açoitado, dar um lance, ganhar dinheiro — são hábitos assustadoramente fáceis de replicar quando isso é tudo o que você conhece.

Então, chegou o momento de crise e a epifania. Eu estava caminhando pelo Bay Park de Rushcutter, em Sydney, e pensando em uma frase do romance de Nick Hornby, *Febre de bola*: "A vida é uma merda porque o Arsenal é uma merda ou o contrário?" Ou, talvez, minha vida em Sydney era uma merda por causa do meu trabalho ou meu trabalho era uma merda porque minha vida era?

Você sabe que chegou ao fundo do poço quando começa a ponderar isso como uma questão filosófica séria. Naquele momento, admiti para mim mesmo que desprezava a pessoa que me tornara. Eu precisava sair. E fiz um pacto comigo mesmo: em todos os negócios que trabalharia a partir de então, faria tudo de maneira diferente. Nos últimos 18 anos de minha vida profissional, foi surpreendentemente fácil manter essa promessa. Em qualquer cenário importante de um local de trabalho onde minha decisão é necessária, eu me faço a seguinte pergunta, em silêncio: *o que Macquarie teria feito?* Então, eu faço precisamente o oposto.

O NOVO ÓPIO

Não podemos falar honestamente sobre os trabalhadores de hoje sem abordar a interseção entre trabalho e consumismo, ou analisar como a falta de tempo livre causada por empregos exigentes e translados cada vez mais longos até o trabalho está tornando o serviço de conveniência uma força que se autoperpetua e a primeira opção na decisão dos consumidores. A verdade nua e crua é que os trabalhadores, como consumidores, estão alimentando a expansão de um novo modelo econômico que, por sua vez, mina constantemente as proteções trabalhistas que foram conquistadas, uma a uma, penosamente, desde a Primeira Revolução Industrial.

Quando Karl Marx critica a religião como "o ópio do povo", o Uber Eats ainda estava a aproximadamente 170 anos de sua gênese. Agora estamos viciados em smartphones — falamos de tirar folga das redes sociais e da desconexão deliberada como triunfos da vontade. A tecnologia é imediata, e qualquer espera parece uma regressão a algum estado desconfortável, sem muita autonomia. Observe as pessoas em uma fila, olhando para as telas de seus celulares. Nós não podemos mais ficar quietos com nossos próprios pensamentos, mas devemos ser sempre estimulados, pesquisando, navegando.

Ao menos, no mundo desenvolvido, a religião perdeu sua atração narcótica. O opiáceo do século XXI é a conveniência, que alimenta, ou talvez encubra, uma profunda dissonância cognitiva. Nós nos preocupamos com as mudanças climáticas enquanto usamos uma scooter elétrica para percorrer uma distância que somos capazes de caminhar, porque é barato, conveniente e tem o diferencial de ser "bacana", o que não é o caso dos ônibus e das bicicletas, que deixam uma pegada de carbono muito menor por usuário.

Quando fazemos essa escolha, não consideramos o impacto ambiental da fabricação, da recarga e o custo da cobrança. É uma péssima ideia em todos os sentidos, exceto pela sensação que temos ao cortar dois quilômetros (ou menos) de tráfego na hora do rush para encontrar um amigo para uma happy hour depois do trabalho — e essa é toda a justificativa de que precisamos.

O que chamamos de transporte compartilhado entra na mesma parte da psiquê, que fica animada pela inovação e pela redução de preços. Historicamente, a indústria do táxi não atraiu muita atenção ou capital organizado, mas o modelo funcionou bem o suficiente para os taxistas, e as empresas estabelecidas foram quase comicamente complacentes ao não buscarem inovação e não conseguirem escapar do tsunami da tecnologia que há anos já vinha em sua direção.

O conceito original de transporte compartilhado, agora quase esquecido, aplicava uma estrutura de Airbnb a veículos particulares: evoluiríamos para um modelo urbano-sofisticado de carros particulares corporativos, isto é, seríamos levados como em um táxi, mas em uma espécie de lotação com estranhos. A teoria popular considerava que isso acarretaria em menos carros, mais eficiência e custos de transportes pessoais reduzidos. Em vez disso, o que aconteceu foi o surgimento de uma grande frota de carros oferecendo precisamente o oposto da pegada "verde" que de início vinha sendo contemplada — e com motoristas que regularmente ganham abaixo do salário mínimo.

Tal como ocorre com as scooters elétricas, diante de opções mais sustentáveis como caminhar, andar de bicicleta ou usar o transporte público, nossa tendência é escolher o Uber. Por quê? Racionalmente, diante de um conjunto de possibilidades no contexto de um debate ético ou ambiental, sabemos o que é certo e responsável, e tomamos decisões informadas. Na prática, no entanto, em geral a conveniência supera tudo, e é fácil acreditar nas campanhas publicitárias de organizações bem-organizadas (e bem financiadas) que são vistas como "bacanas".

Se estamos cada vez mais inclinados à escolha mais fisicamente preguiçosa, e usamos veículos elétricos quando poderíamos estar obtendo os benefícios de uma caminhada, também temos aplicado menos rigor intelectual à forma como vivemos. Nossas escolhas cotidianas têm grandes chances de ser influenciadas por recomendações on-line criadas por algoritmos e facilmente compradas e vendidas, junto com nosso histórico de pesquisas na internet, hábitos de compras eletrônicas e outros fatores que pouco compreendemos, de forma que o pensamento independente e a pesquisa agora são supérfluos no processo de compra. Sabemos de tudo isso, mas quando a "melhor" opção — quase sempre a mais conveniente — é apresentada como solução, nós a escolhemos sem esforço. Conveniência supera todo o resto.

Como consequência, não nos perguntamos como uma roupa pode ser tão barata, como o Uber ou seus similares podem fornecer transporte por uma fração do custo de um táxi tradicional, ou como uma entrega pode ser feita de um dia para o outro quando obviamente o valor cobrado não cobre o custo do serviço — certamente, não ao valor de um salário mínimo.

Uma linha direta foi traçada de Karl Marx a Mark Zuckerberg, e hoje estamos ajoelhados no altar da conveniência, segurando nossos brilhantes dispositivos móveis no lugar dos hinários empoeirados, desfrutando de todo o poder da tecnologia. A economia gig é a manifestação aparentemente ilimitada da demanda do consumidor, estimulada pelo poder sem precedentes trazido pela revolução digital, e um produto da força corporativa.

Se alguém está pagando o preço e não é a empresa nem o consumidor, deve ser o trabalhador da economia gig — seja sacrificando sua renda, seja aumentando o número de horas trabalhadas, ou ambos.

Breve histórico de um pacote

Se a conveniência é um altar, vamos examinar o que está sendo sacrificado sobre ele. Um consumidor — podemos chamá-lo de Joe — pede um presente de Natal, um item doméstico comum, em um site popular de alcance global com sede em outro país. Ao rastrearmos a remessa do pacote de Joe, podemos avaliar o preço real da conveniência.

- O item está disponível em vários fornecedores digitais, mas o preço e as condições de entrega são mais favoráveis em um dos maiores varejistas on-line do mundo, que administra uma sofisticada plataforma on-line mantida por armazéns nos Estados Unidos. Joe mora na Nova Zelândia e o varejista promete remessa rápida, a tempo para a manhã de Natal. Sua escolha de fornecedor é o mais eficiente no tempo de entrega e com menor despesa pessoal.

- No período que antecede a alta temporada, o varejista digital de quem Joe está comprando acumulou um exército temporário de trabalhadores gig responsáveis por empacotar e etiquetar pedidos prontos para envio. Esses trabalhadores não têm benefícios ou direitos, e, se forem considerados muito lentos ou ineficazes por um supervisor, eles não serão escalados para outro turno. O trabalhador atribuído executa o pedido de Joe no armazém e entrega o pacote para a transportadora.

- Nos Estados Unidos continentais, um motorista de caminhão que trabalha como autônomo (gig) transporta a encomenda para o porto mais próximo para frete aéreo. O impacto ambiental do caminhão, desde o desgaste da estrada (até dezenas de milhares de vezes maior do que o de um carro comum, dependendo do seu tamanho e peso) à poluição do diesel e o congestionamento, não é embutido no custo do item de Joe; parte do apelo massivo desse varejista é que ele não impõe valor de remessa ou outros custos para compensar os efeitos climáticos. A falta de influência do motorista entre os grandes empregadores significa que suas horas e taxas de remuneração podem ser continuamente espremidas, e, como trabalhadores autônomos, nenhuma das proteções trabalhistas normais se aplica a eles. Como categoria, eles estão à beira da redundância, devido à contínua inovação e ao desenvolvimento de drones e veículos sem motorista.

- A encomenda é processada no Aeroporto Internacional de Los Angeles, embalada em um contêiner de transporte e carregada no compartimento de carga com destino a Auckland. Os funcionários que lidam com o pacote de Joe nos dois aeroportos são sindicalizados e têm direitos legais abrangentes e proteções que incluem taxas de horas extras para compensá-los por turnos mais longos durante períodos com picos de grande volume.

- O pacote de Joe sobrevoa o Pacífico em um voo direto de 6.500 milhas, ou cerca de 10.500 quilômetros. O provedor logístico calcula a pegada de carbono da encomenda, com base no seu peso (2kg e 0,2 metros cúbicos), em 230,68 kg de CO_2.[52] Da mesma forma que no estágio de frete rodoviário da jornada do pacote, o custo ambiental de seu transporte aéreo não é pago,

A RESPOSTA DOS TRABALHADORES 55

nem de forma parcial, por Joe ou pelo varejista; a rapidez era um diferencial de venda para Joe, e a entrega foi prometida no prazo de cinco dias úteis a partir da data do pedido.

- Após a triagem e o processamento no Aeroporto Internacional de Auckland por manipuladores de carga e despachantes aduaneiros em contratos de trabalho permanentes, que oferecem direitos como contribuições do empregador para a aposentadoria (exigidas pela legislação da Nova Zelândia) e o principal benefício do seguro de saúde subsidiado, o pacote é transferido a um transportador gig para entrega urgente.

- Para o motorista, os prazos de entrega são um componente chave de seu contrato. Um engarrafamento inesperado na cidade significa que ele vai precisar trabalhar mais horas para garantir que todas as entregas sejam feitas dentro do cronograma pago. Se ele não cumprir os prazos, fica sem trabalho, e há muitos trabalhadores na população jovem e pouco qualificada de migrantes que pode preencher seu lugar.

- O pacote chega na casa de Joe a tempo e em perfeitas condições.

O custo real da encomenda de Joe é quase impossível de calcular, mas, a curto prazo, inclui emissões de carbono substanciais em dois países e no espaço aéreo internacional, e contribui para as condições já comprometidas de diversos trabalhadores.

A longo prazo, o uso que o varejista digital faz de seu considerável poder político e econômico lhe permite garantir um imposto obrigatório insignificante fora de sua jurisdição principal, o que mina a concorrência em vários mercados internacionais. Isso contribui para um menor investimento em mão de obra e para o subfinanciamento da infraestrutura nas rotas das quais, ironicamente, dependem as entregas como as de Joe. Em um concurso mundial entre conveniência e ética, a escolha fácil é a óbvia vencedora. Enquanto isso, os custos invisíveis do consumo rápido aumentam silenciosamente.

EM RESUMO

- Uma vez que a indústria tecnológica se tornou uma força econômica, social e cultural, o excesso de trabalho e o estresse se tornaram questões modernas e deram origem a uma nova cultura do trabalho conhecida como "cultura da ralação".

- Quando cronogramas de trabalho punitivos se tornam a norma, trabalhadores de todos os níveis pagam o preço com sua saúde física e mental.

- Os trabalhadores estão começando a reagir à erosão de seus direitos e proteções tradicionais, usando os tribunais em várias jurisdições, mas a ação legislativa é rara.

- Bens de consumo baratos e serviços ultraconvenientes são extremamente atraentes para compradores e usuários, mas o custo da economia, em geral, é pago pelo trabalhador gig, que provavelmente trabalhará mais horas por menos de um salário mínimo para fazer os lucros aumentarem para os grandes empresários.

CAPÍTULO TRÊS

A resposta corporativa

AS ORIGENS DA ECONOMIA GIG

Para muitos líderes empresariais, a primeira resposta à promessa feita pela semana de quatro dias — flexibilidade no trabalho sem comprometer a produtividade ou a lucratividade corporativa — é que isso já existe: nós temos a economia gig. De fato, para as empresas, o compartilhamento é vantajoso, pois é relativamente simples de implementar e tem pouco da aparente complexidade da semana de quatro dias.

Não surpreende que o "gig" tenha evoluído nos Estados Unidos, com seus benefícios e proteções aos trabalhadores — de acordo com os padrões internacionais — nada generosos e o alto custo de seus serviços de saúde. Em tais circunstâncias, transferir as obrigações da corporação para o trabalhador é nitidamente atraente.

O trabalhador gig recebe pouco além da renda e do horário flexível — ele não recebe nenhum dos benefícios que se tornaram um padrão na maior parte do mundo desenvolvido. Os sacrifícios individuais feitos por esses trabalhadores podem parecer pequenos, mas, somados, economias inteiras ficarão ameaçadas por uma geração de trabalhadores gig sem nenhum respaldo, os quais muitas vezes trabalham para proprietários de empresas gig globais que pagam impostos mínimos na maioria dos territórios onde operam. Quando esses trabalhadores envelhecerem, ficarem doentes ou esgotarem-se, quem deverá lhes dar assistência?

Compare o modelo gig com o da semana de quatro dias, um modelo flexível que mantém a proteção conquistada pelos trabalhadores e continua a investir, dependendo do tamanho da empresa, em economias locais, regionais e nacionais. Todos os benefícios da economia gig são fornecidos, e nenhuma de suas desvantagens.

Mas, ao analisar as origens da economia gig no cenário do crescimento econômico histórico, seu fascínio não é nem um pouco surpreendente. Para entender como os princípios gig se opõem aos da semana de quatro dias, precisamos voltar às suas origens e examinar as muitas razões pelas quais o gig é corrosivo para os direitos e o bem-estar dos trabalhadores, assim como para a força da economia.

Historicamente, os avanços dos trabalhadores foram feitos de maneira gradual, à medida que as forças da organização do trabalho resistiam e — aqui e ali — superavam o poder das instituições corporativas. Hoje, em meio à Quarta Revolução Industrial, caracterizada pelo Fórum Econômico Mundial como uma fusão de tecnologias que está prejudicando quase todos os setores em todos os países,[53] o poder está indubitavelmente nas mãos das corporações. Mais especificamente, corporações cujos produtos ou serviços são entregues por meio de uma plataforma digital, oferecendo a capacidade de medir e mediar todas as interações, e com frequência evitam legislação nacional potencialmente restritiva, dada a sua presença digital — e não tangível — em vários países.

Contra o colosso corporativo, o trabalhador é reduzido a uma ferramenta, muito mais sujeito a algoritmos e avaliações do que poderia ter sido concebido no início da era digital. Não apenas indivíduos, mas forças de trabalho como um todo agora estão vulneráveis a demissões construtivas. Onde fica a economia gig no *continuum* da Quarta Revolução Industrial — um instigador ou uma consequência?

A RESPOSTA CORPORATIVA

É uma pergunta para historiadores econômicos, mas o gig é uma criação orgulhosamente corporativa, que se espalha para longe de seu local de origem, os centros de tecnologia da Costa Oeste dos Estados Unidos, encorajado pelo livre comércio, pela demanda dos consumidores e pela negligência benévola dos governos.

Como observou o investidor Nick Hanauer, as revoluções ocorrem de maneira gradual, e então repentinamente.[54] A economia gig pode ser vista como uma revolução dentro da revolução, e suas funções têm se tornado uma característica de nossas vidas antes que pudéssemos entender completamente o que eram. Antes do fim dos anos 2000, a palavra "gig" tinha apenas um significado: denotava algum tipo de performance, na maioria das vezes musical.[55] O uso mudou de repente, quando a crise financeira global se estabeleceu, e a terminologia "economia gig" emergiu para descrever como estadunidenses estavam evitando a miséria ao trabalhar em diversos empregos de uma vez, em geral, sem contratos ou benefícios.

Em 2015, o *Financial Times* formalizou a expressão "economia gig" e observou que, se antes músicos da década de 1920 trabalhavam em clubes de jazz sem assistência médica, aposentadoria, férias ou outros benefícios, a tecnologia do novo século tornou possível que alguém com um carro ou um quarto a mais seja um trabalhador da economia gig, graças às interfaces sedutoramente simples para os usuários de aplicativos de compartilhamento de viagens e plataformas como o Airbnb.*[56]

Uma série de ações legais contra duas das maiores empresas de tecnologia que dependem de mão de obra da economia gig, a Uber e a Lyft, acarretou em críticas sobre o que o trabalho gig oferece a quem o fornece. Alana Semuels relatou no *Atlantic* que, em 2018, a Suprema Corte da Califórnia chegou ao cerne da contradição da

---

* Definição de economia gig: "A economia do freelancer, na qual trabalhadores se sustentam com uma variedade de trabalhos de meio período que não lhes garantem benefícios tradicionais como assistência médica."

economia gig: empregadores dizem que os trabalhadores amam a flexibilidade dos contratos autônomos, que lhes permite fazer seu próprio horário, enquanto os advogados dos trabalhadores advertem que as empresas estão se esquivando de suas responsabilidades e empurrando o que antes eram custos corporativos para os trabalhadores, que não estão mais amparados pelas antes tradicionais proteções trabalhistas e benefícios.**

Uma característica marcante da economia gig é a falta de dados quantitativos confiáveis sobre as opiniões e os desejos dos trabalhadores. No contexto da Califórnia descrito por Semuels, há muitas pessoas declarando o que é melhor para os trabalhadores, mas muito pouco se escuta dos próprios trabalhadores. Diferente do modelo da semana de quatro dias, que funciona melhor quando é organizado por funcionários, ninguém, ao que parece, está perguntando aos motoristas da Lyft, Instacart ou Postmates se eles preferem ser contratados independentes ou trabalhadores efetivados.[57] Já decidiram por eles.

** O artigo do *Atlantic* declarou: "As empresas que operam pela economia gig pressionaram o Estado a anular a decisão [da Suprema Corte], alegando que os trabalhadores perderiam seus empregos, enquanto os advogados trabalhistas previram que menos pessoas poderiam se garantir na rede de segurança do Estado. Como sempre, muitas pessoas envolvidas no debate sobre o que é melhor para os trabalhadores não eram os próprios trabalhadores.

"Mas, enquanto o debate político continua, um experimento do mundo real começou a testar exatamente o que aconteceria se as empresas tivessem que aceitar uma grande parcela de seus trabalhadores, não como contratos autônomos, mas como funcionários efetivados. Em primeiro de janeiro deste ano, os entregadores de cannabis foram obrigados pela lei estadual a serem classificados como funcionários. Essas regras, adotadas depois que os californianos votaram a favor da legalização da maconha em 2016, são uma forma que os legisladores encontraram de garantir que os dispensários se responsabilizem por seus produtos, e que estes sejam manuseados por funcionários treinados. Desde a sua promulgação, os dispensários californianos iniciaram o processo de mudar a forma de contratação dos entregadores e, em alguns casos, também de outros trabalhadores, de independentes para funcionários. Essa experiência ressalta, mais do que qualquer debate hipotético, como não há uma resposta fácil para melhorar a estrutura da economia gig."

NEGOCIANDO COM O DIABO

Uma profissional bem-sucedida morre de repente em um acidente e é recebida nos portões do céu por São Pedro, que é franco sobre seu dilema: "As pessoas da sua linha de trabalho não costumam chegar até aqui, então recebi ordens para deixar você ter um dia no Inferno e um dia no Céu. Depois disso, caberá a você escolher onde quer passar a eternidade."

A mulher tem dois dos melhores dias que ela poderia ter imaginado, na vida ou na morte. Ao chegar ao Inferno, ela é recebida por velhos e novos amigos, com quem aproveita uma rodada de golfe em um belo Country Club, e em seguida um suntuoso jantar com muita dança. Ela conhece o Diabo e o considera absolutamente encantador. Todos estão felizes, conversam e apertam a mão dela quando ela parte.

Em seu dia no Céu, ela passa relaxando nas nuvens, tocando harpa e cantando. É pura felicidade. São Pedro retorna. "Chegou a hora de escolher", diz ele.

A mulher já tem sua resposta. "Eu nunca pensei que diria isso, mas o Inferno foi tão divertido. Eu passei ótimas horas lá, e as pessoas eram tão legais. É onde eu quero passar a eternidade."

São Pedro concede seu desejo. Mas dessa vez, quando as portas do Inferno se abrem, um vasto e cinzento nada se estende diante dela. Todas as pessoas estão infelizes, e não há Country Club ou danças para ver. O Diabo está ali, e ela se vira para ele e lamenta: "O que aconteceu?! Eu escolhi o Inferno porque era uma festa!"

O Diabo dá de ombros e sorri. "Ontem, nós estávamos recrutando você. Hoje você é equipe."

62   A SEMANA DE QUATRO DIAS

Essa piada e todas as suas versões que circulam há anos poderiam muito bem ser sobre a promessa da economia gig de criar o paraíso dos trabalhadores: trabalhe quando quiser, seja seu chefe, a flexibilidade é quem manda. Com um discurso tão sedutor, não surpreende que a economia gig tenha se tornado viral — para usar uma linguagem consagrada da internet. Nesta nova ideia de trabalho, as pessoas em Auckland, Austin ou Amman estão clicando no mesmo aplicativo de transporte alternativo para comprar ou vender um serviço simples baseado na economia gig.

Liberdade e flexibilidade são os diferenciais desse trabalho ou "gig", mas, em troca, alguns elementos intrínsecos à maneira como o trabalho se elaborou e foi reformado na era industrial praticamente se perderam. Na economia gig, o trabalho é separado de todos os benefícios estabelecidos, desde o salário mínimo obrigatório até as férias e a licença médica remuneradas. A licença parental remunerada, a licença por luto, contribuições para a aposentadoria pelo empregador — tudo acabou. De fato, não há empregador, porque não há "emprego" no sentido tradicional. A frase "trabalhar pra viver" nunca fez tanto sentido.

Isso não aconteceu por acidente. Susan Fowler é uma ex-engenheira de software da Uber que, em fevereiro de 2017, expôs em seu blog a cultura de gestão ao estilo *Game of Thrones* da empresa, o tratamento problemático das funcionárias e o extenso padrão de má conduta interna. Posteriormente, ela escreveu um relato nu e cru para a *Vanity Fair* ['*What Have We Done?' Silicon Valley Engineer Fear they have Created a Monster* ("O que nós fizemos?" Engenheiros do Vale do Silício temem terem criado um monstro, em tradução livre)], identificando a vulnerabilidade dos trabalhadores e o cinismo de empresas que estão desmantelando as proteções trabalhistas enquanto divulgam o apelo da economia gig em frases de efeito como: "Defina seus horários" (Uber); "Seja seu próprio chefe" (Lyft).

Fowler relata ter escutado dois colegas discutindo como manipular os bônus a fim de "enganar" os motoristas, de maneira a levá-los a trabalhar por mais horas.[58] As empresas de tecnologia estão entusiasmadas com os algoritmos porque eles funcionam; no entanto, eles também são transparentes, e depois que um estudo de 2018 feito pela Comissão de Táxi e Limusine de Nova York constatou que 85% dos motoristas de aplicativo da cidade de Nova York estavam ganhando menos do que o valor mínimo de 15 dólares por hora estipulado pela cidade, a comissão anunciou que, a partir de meados de janeiro de 2019, Uber, Lyft, Via e Gett/Juno seriam obrigadas a pagar aos motoristas uma taxa mínima de 17,22 dólares por hora após as despesas.

No cálculo da comissão, esse valor é equivalente ao salário mínimo, mais os custos extras assumidos pelos freelancers em impostos, para compensar o fato de que os contratados não recebem folga remunerada. A comissão diz que a mudança resultará em um aumento médio de quase 10 mil dólares por ano em ganhos para 96% dos 80 mil motoristas que dirigem regularmente para empresas de aplicativo de transporte na cidade.[59]

Fowler foi certeira quando escreveu sobre o fascínio incipiente da economia gig: "O ecossistema da economia gig deveria representar a terra prometida, atingindo um equilíbrio igualitário entre oferta e demanda: os consumidores podem se livrar da carga de se deslocar ou de fazer as compras do mês, enquanto os trabalhadores foram libertados do Chefe."

A economia gig é uma prova definitiva de que, quando algo parece bom demais para ser verdade, provavelmente é mesmo. Os trabalhadores desejam e valorizam a flexibilidade, mas a verdade cruel sobre o grande novo mundo da economia gig [poderia-se traduzir por mundo *uberizado*] é que, da noite para o dia, nós coletivamente nos corrompemos por um modelo econômico arrojado cujas ramificações mal entendemos. Ou pior: como sugere a manchete do artigo de Fowler na *Vanity Fair*, nós permitimos que um punhado de gênios da tecnologia em um pequeno canto do globo soltasse um monstro sobre nós.

UM SONHO DOS *MILLENNIALS* — OU UM GOLPE ANTIGO?

Este é o cerne da promessa da economia gig: ela dá às pessoas o que elas querem. Com frequência, se expressa na linguagem de um benefício ao trabalhador, como se a empresa acomodasse uma estrutura gig para beneficiar a geração *millennial* que, acostumada aos benefícios da internet, quer a flexibilidade acima de tudo — e a resposta é o "gig".

Eu afirmo que essa é uma promessa vazia. É um golpe antigo. As pessoas, com certeza, desejam ter o controle de seus horários de trabalho. O equilíbrio entre a vida profissional e a pessoal não é um mito, e um trabalhador a quem é permitido fazer malabarismos com suas horas para poder buscar os filhos na escola regularmente é muito mais propenso a ser leal e comprometido com o trabalho. (Mais tarde retornaremos a esse fenômeno, conhecido como teoria das trocas sociais.)

Contudo, desejar a flexibilidade não significa querer trabalhar em quatro ou cinco empregos de uma só vez. Poucas pessoas, se é que há alguma, desejam isso. O enfoque fundamental dos seres humanos em relação ao trabalho não mudou desde tempos imemoriais; queremos dinheiro no bolso e um trabalho gratificante. Não queremos apenas sobreviver.

Conforme foi discutido no Capítulo Um, dados da Foundation for Young Australians (FYA) indicam uma crise do emprego enfrentada pelos *millennials* em todo o mundo desenvolvido, com altas taxas de subemprego, automação de setores inteiros e uma tendência a empregos menos estáveis e de curto prazo. Com essas mudanças, proteções padrão, como o salário mínimo e licenças remuneradas, começam a entrar em uma obsolescência.

Considere o significado disso: menos de uma década depois do advento da economia gig, a trajetória de carreira das pessoas que entram no mercado de trabalho australiano — uma multidão

A RESPOSTA CORPORATIVA

considerável em um país que desfrutou de décadas de crescimento saudável — mudou radicalmente em relação à geração anterior.

As descobertas da FYA são preocupantes. A porcentagem de jovens subempregados ou em empregos múltiplos agora é tão significativa que, mesmo se essa tendência começar a mudar por meio de implementações de políticas ou por outras medidas, podemos esperar que uma proporção significativa permaneça entregue à armadilha do mercado da economia gig por, possivelmente, alguns anos ainda.

O cenário é o mesmo em outros países desenvolvidos. Uma análise da Universidade de Auckland de um estudo francês de 20 anos com 10 mil trabalhadores, que abandonaram os estudos e são diplomados, descobriu, nas palavras da professora Elizabeth George, "que se você começasse em um desses acordos de trabalho não padronizados, como trabalho temporário ou por contratos... a probabilidade de mudar esse cenário era pequena. Você ficaria estagnado. E isso é de fato um pouco assustador."[60] Uma explicação para isso, segundo ela, é que as empresas que empregam trabalhadores temporários não têm nenhum incentivo para investir neles e, sem novas habilidades, eles não conseguem avançar.

Ao mesmo tempo, agentes da economia gig estão se utilizando do campo da distorção midiática para enfatizar os benefícios e disfarçar as desvantagens. Um anúncio publicitário promovendo a indústria contábil na BBC.com vem salpicado com cenas de "contratantes independentes" bem-vestidos, elegantes, em espaços profissionais compartilhados — sem nenhum motorista ou armazém à vista.[61]

Além disso, a economia gig pode ser prejudicial para aqueles a quem ela se propõe beneficiar — as corporações. Um estudo recente da Universidade da Carolina do Sul, publicado pelo *The Economist*, relatou que manter a consistência dos turnos e permitir que os funcionários trocassem os turnos por meio de um aplicativo de celular aumentou as vendas de uma loja Gap em 7%. A disponibilidade de trabalhos significa que, se as pessoas estão programadas "como peças de uma fábrica", sem flexibilidade, isso pode levar a uma maior rotatividade de funcionários, absenteísmo e serviço ruim, prejudicando a receita — e os trabalhadores podem simplesmente "atravessar a rua e encontrar outro varejista" que ofereça condições melhores.[62]

Ironicamente, até funcionários no privilegiado epicentro tecnológico — pessoas como as descritas pela engenheira Fowler, cujos empregos incluem altas compensações e amplas proteções — não costumam durar muito tempo com um empregador. Conforme Emily Chang conta em seu livro *Manotopia: Como o Vale do Silício tornou-se um clubinho machista*, a empresa de busca de empregos Indeed descobriu que os engenheiros de software de São Francisco têm o menor tempo de duração no cargo (pouco mais de dois anos) entre as pessoas com a mesma profissão em qualquer área metropolitana, em virtude das ambições individuais e das vastas oportunidades na indústria: "os trabalhos são 'gigs', e períodos curtos são normais."[63]

A ANULAÇÃO DOS DIREITOS TRABALHISTAS

Susan Fowler sugere que o surgimento de uma classe vulnerável de trabalhadores dentro desta economia gig é um projeto, e não um acidente, pois "uma série de processos legais destacou um alarmante subproduto da economia gig — uma classe de trabalhadores que não estão protegidos pelas leis trabalhistas nem são elegíveis para benefícios fornecidos ao restante da força de trabalho da nação".[64]

As greves são uma ferramenta estabelecida de empoderamento para os trabalhadores dentro de uma estrutura convencional de organização do trabalho. Para observadores indiferentes, às vezes, se assemelham a filmes de Hollywood, com apostas altas e muita

A RESPOSTA CORPORATIVA

pressão, como durante os preparativos do Natal de 2018, quando representantes da Air New Zealand e engenheiros de linhas aéreas e funcionários logísticos mantiveram negociações tensas sobre salários e condições de trabalho sob ameaça de uma greve de três dias, o que teria causado interrupções caóticas nas viagens de férias de dezenas de milhares de pessoas, e o pior resultado possível em termos de relação com o cliente para a companhia aérea. Este é um caminho bastante percorrido no mundo desenvolvido — enquanto escrevo, trabalhadores de Heathrow, o aeroporto mais movimentado do Reino Unido, anunciou uma greve no pico da temporada de férias em agosto.

No caso da Air New Zealand, a crise foi neutralizada por mediadores, e os trabalhadores, em melhor situação, devem ter passado o Natal sentindo uma boa vontade maior do que a usual em relação à humanidade. Porém, na economia gig não há greves, negociações, incentivos ou obrigação legal, e o trabalhador não tem força alguma.

Em muitos países desenvolvidos, as organizações trabalhistas e os coletivos de trabalhadores vêm lutando há décadas para promover e fortalecer os direitos dos trabalhadores na legislação. Parece imprudente, para dizer o mínimo, deixar esse progresso tornar-se fumaça em troca da conveniência de uma entrega pelo Uber Eats.

Todavia, as ramificações da economia gig vão muito além da erosão dos direitos trabalhistas. Para muitos trabalhadores, o desenvolvimento profissional é fundamental para o progresso na carreira, mas, conforme identificou a professora George, em uma economia gig o empregador não tem obrigação nem incentivo para educar ou desenvolver sua força de trabalho.

Pense nisto: as maiores empresas à frente da economia gig são aquelas que "desintermediaram" indústrias até alcançar quase a divisão do trabalho na linha de montagem. A Amazon quer que o trabalhador entregue a encomenda; para isso, a empresa precisa investir no desenvolvimento de habilidades do funcionário? Não, porque a tarefa é muito limitada. E em breve esse trabalhador será substituído por um drone, e até mesmo essa função limitada vai acabar. A Uber funciona com a força de trabalho de seus motoristas e está coletando dados importantes que serão usados, em última instância, para controlar carros sem motoristas: "Seu trabalho aqui está concluído. Obrigado por participar."

É um cenário preocupante, mas seria negligente não abordar o argumento que muitos estão utilizando sobre a vantagem da economia gig. É verdade, ela promete a flexibilidade e o controle das horas de trabalho que, dizem, cada vez mais pessoas — desde os *millennials*, que estão entrando na força de trabalho, aos trabalhadores ocupados da meia-idade, até os trabalhadores idosos ainda empregados — querem. Sem dúvida, a rotina diária é mais tolerável quando não envolve um longo percurso engarrafado para trabalhar as quarenta horas semanais de sempre. A flexibilidade exerce um tremendo apelo para os trabalhadores por um bom motivo: todos nós desejamos uma sensação maior de controle dos nossos dias, e ser avaliados por nossa produtividade em vez do número de horas que registramos "no trabalho".

Mas este "gig" oferece uma verdadeira flexibilidade? Como sabemos, longevidade e permanência estão se tornando conceitos estranhos mesmo em estratos bem compensados. Contudo, longas horas de trabalho não causam nenhum estranhamento, ao menos em muitos domínios da indústria estadunidense. Isso ocorre porque — como vejo, pelo menos, — o que chamamos de flexibilidade é, na realidade, disponibilidade permanente. Trabalhadores gig, ao ficarem disponíveis para trabalhar por determinadas horas, estão sujeitos à decisão do proprietário da empresa gig se receberão trabalho ou não.

Essa decisão não é definida apenas pelo preço; o algoritmo pode também determinar que os trabalhadores que se colocam mais dis-

A RESPOSTA CORPORATIVA

poníveis fiquem no alto da prioridade de trabalhos. Em outras palavras, para ter certeza de garantir trabalho contínuo, o trabalhador deve ficar de plantão o máximo possível, e aqueles com mais horas de disponibilidade recebem os trabalhos. Isso mina inteiramente o primeiro benefício aparente dessa autonomia.

Minha outra objeção à economia gig é que, em sua atual estrutura, quem corre o risco é o trabalhador, enquanto a recompensa vai direto para o proprietário da empresa. Os trabalhadores gig estão sem apoio nem benefícios. Então, quando eles trabalham ao ponto do burnout, ou ficam doentes, ou envelhecem, e não têm economias para se manter porque seus vários trabalhos mal pagos apenas cobriram seus altos custos de vida, e o proprietário da empresa gig apenas diminuiu ao máximo o valor deles, sem nenhuma obrigação de ajudá-los mais tarde — quem paga a conta?

Todos nós. A menos que estejamos dispostos a ver nossos concidadãos literalmente ficarem pelo meio do caminho, teremos que usar nossa base de impostos para cobrir os custos crescentes na saúde, direitos básicos como a aposentadoria e outros benefícios. Qualquer economista diria que a matemática é simples — se houver mais gastos em algumas áreas, os governos levantam fundos cortando serviços, vendendo ativos, tomando empréstimos no mercado internacional ou expandindo a plataforma tributária.

Mas por que deveríamos tolerar o sistema gig e o desgaste econômico — e até perigoso — que ele representa a longo prazo quando há um modelo de trabalho que conecta trabalhadores e empresas a proteções, legislação e responsabilidades? A semana de quatro dias proporciona flexibilidade e oferece aos funcionários no mínimo um salário justo, e trabalhadores e empresas são tributados proporcionalmente. Não se trata de cortar custos econômicos ou enriquecer alguns plutocratas à custa de muitos cidadãos comuns que só pedem uma qualidade de vida decente e a oportunidade de sustentar suas famílias e economizar para o futuro.

O PROLETARIADO VEM AÍ

Se a solução lógica para os problemas da economia gig é legislativa — em vez de ficar esperando que as grandes empresas se autorregulem espontaneamente (o equivalente, para os negócios, de perus votarem a favor do Natal ou do Dia de Ação de Graças) —, o caminho mais provável seria uma revisão da tributação. Nós estamos testemunhando o surgimento de tentativas políticas para lidar com o desequilíbrio tributário no nível corporativo, embora não no nível dos direitos dos trabalhadores.

De acordo com uma reportagem do *The New York Times* de dezembro de 2018, após longas críticas à sua prática de produção offshore e ocultar os lucros em territórios estrangeiros para evitar o pagamento de impostos nos Estados Unidos, a Apple aproveitou os novos códigos tributários do período Trump para repatriar 252 bilhões de dólares antes mantidos fora dos Estados Unidos, e anunciou um investimento de mais de 30 bilhões de dólares em um programa nacional, com duração de cinco anos, para criação de empregos em larga escala, incluindo um novo campus.[65]

Em outros países, há esforços menos sérios para combater a evasão de tributos relativos à tecnologia. Em 2018, o então Chanceler do Tesouro do Reino Unido, Philip Hammond, anunciou um imposto sobre serviços digitais, aplicável a partir de 2020, visando a receita gerada no Reino Unido pelas maiores e mais ricas empresas digitais. Essas empresas têm sido alvo após anos de baixa tributação — uma investigação governamental descobriu que o Google pagou 16 milhões de dólares em impostos corporativos no Reino Unido sobre uma receita de 18 bilhões de dólares de 2006 a 2011 — e isso pode não mudar sob as novas regras, que solicitarão que as empresas "autoavaliem" quantos impostos devem.[66]

Enquanto isso, como informa a *Bloomberg*, a União Europeia está debatendo uma versão de 3% do mesmo imposto. Alguns membros se opõem ao argumento de que o custo de cobrança dos impostos

A RESPOSTA CORPORATIVA

seria maior do que a receita gerada. O movimento dos parlamentares franceses em tributar o Facebook, o Google e outras empresas de tecnologia estadunidenses "colocou a França diretamente na mira das guerras comerciais do presidente Trump", de acordo com uma reportagem de julho de 2019 do *The New York Times*.[67]

A necessidade de governos individuais imporem as mesmas regras a empresas multinacionais de tecnologia, como fazem com empresas locais e domiciliadas é urgente, se podemos tomar a história como guia. Considere a lição da França do século XVIII, com suas três classes sociais: a nobreza, o clero e os 97% restantes da população. As duas primeiras classes pagavam pouco ou nenhum imposto sobre suas propriedades, enquanto todos os outros eram tributados e pagavam ainda outras taxas. O resultado? Uma revolução sanguinolenta com consequências duradouras para o Velho e o Novo Mundo.

O já mencionado Nick Hanauer, que construiu sua enorme fortuna a partir de um investimento no início da Amazon e agora faz campanha pelo aumento do salário mínimo e por outros benefícios para os trabalhadores, alertou ao site *Politico* que "o proletariado vai vir... atrás de nós, plutocratas", caso os super-ricos não abordem a crescente desigualdade. Em carta aberta endereçada a "Meus Colegas Zilionários", Hanauer observou que, enquanto "pessoas como você e eu estamos prosperando além dos sonhos de qualquer plutocrata da história", o restante do país não está.

O problema identificado por ele não foi apenas a desigualdade, que, em sua opinião, era intrínseca a qualquer economia capitalista de alta performance. O verdadeiro problema era que os Estados Unidos estavam se tornando muito depressa uma sociedade feudal, com o 1% mais rico controlando cerca de 20% da renda nacional estadunidense (mais de 8% em 1980), e os 50% mais pobres com apenas 12% da renda nacional.

Hanauer fez uma analogia com a França do final do século XVIII, antes da revolução, quando a sociedade era dividida entre os ultrarricos e os pobres, sem uma classe média. A menos que algo fosse feito para corrigir essas desigualdades na economia, que ele considerava insustentáveis dentro de uma sociedade, Hanauer foi explícito quanto ao resultado: "Não há nenhum exemplo na história da humanidade em que a riqueza fosse acumulada dessa maneira e o proletariado não acabasse se insurgindo. Me mostre uma sociedade altamente desigual, e eu lhe mostrarei um Estado policialesco. Ou uma revolta. Não há como refutar isso. Simplesmente não há. Não é uma questão de 'se', mas 'quando'."[68]

Alguém poderia argumentar que a economia gig é uma nova forma de feudalismo, com um punhado de governantes (CEOs, fundadores e empresários, investidores e acionistas) que ficam cada vez mais ricos à custa das massas desprotegidas e exaustas. O próprio Hanauer diz que os Estados Unidos estão se tornando uma sociedade menos capitalista e mais feudal. O sistema de trabalho gig está longe de ser o único motivo para a expansão global da desigualdade social, mas dificilmente ajudará a corrigir essa disparidade: em 2018, as 26 pessoas mais ricas do mundo tinham o mesmo patrimônio líquido que a metade mais pobre da população global — cerca de 3,8 bilhões de pessoas —, e a população global de milionários (cerca de 42 milhões de pessoas, "o 1%" em termos gerais) controlava 44,8% do patrimônio mundial.[69]

A propósito do fundador da Amazon, Jeff Bezos, a pessoa mais rica do mundo — seu patrimônio líquido aumentou em 24 bilhões de dólares somente em 2018 —, ele é *tão rico* que, mesmo depois de pagar 38 bilhões de dólares em um acordo de divórcio em 2019, não perdeu sua posição no primeiro lugar do ranking. (Para contextualizar, antes disso o maior acordo de divórcio já realizado na história tinha sido no valor de 2,5 bilhões de dólares.)[70]

Para constar, a Amazon explora os princípios da estrutura gig mais expansiva e habilidosamente do que, talvez, qualquer outra empresa, e hoje é uma das duas únicas corporações estadunidenses a ter uma capitalização de mercado superior a um trilhão de dólares. A outra é a Apple, cujos produtos são usados por incontáveis trabalhadores gig.

Em 2018, a população global de milionários controlava 44,8% do patrimônio mundial.

É possível que a economia gig seja um sintoma de uma amoralidade mais ampla decorrente da colisão entre as empresas estadunidenses tradicionais e a era digital. Em *Manotopia*, Emily Chang escreve sobre o efeito retardador da "cultura masculina" do Vale do Silício sobre as oportunidades de carreira e de progressão das mulheres no campo da tecnologia. Ela cita uma empresária cansada do desequilíbrio de poder generalizado entre homens e mulheres na indústria: "Há um grave problema de moralidade no Vale do Silício e, no fundo, são as pessoas com dinheiro pensando que podem se safar de tudo. Muitos desses caras tiveram sorte, ficaram milionários e, por isso, se sentem os reis do universo."[71]

Essas observações ecoam as de Susan Fowler sobre a cultura do Uber e, se tais atitudes são amplamente adotadas, não surpreende que, no dia a dia de trabalho, as pessoas que se utilizam de oportunidades gig para equilibrar o orçamento estejam se tornando um grupo esquecido.

Não foi por temer a revolta do proletariado que eu concebi a semana de quatro dias e agora estou advogando em prol da flexibilidade de trabalho focada na produtividade. Mas acredito que a advertência de Hanauer tenha fundamento. Uma sociedade em que um punhado de pessoas está comparando seus superiates enquanto milhões de outras não conseguem alcançar as marcas relativamente modestas de prosperidade pessoal mantidas por seus pais e avós, tais como ser proprietário de uma casa, vai inevitavelmente ruir.

A economia gig, em seu formato atual, é tributariamente corrosiva e desestabilizadora para a sociedade. A boa notícia é que basta apenas alguma vontade política e corporativa para substituí-la, — e ninguém precisa carregar esse peso sozinho. A semana de quatro dias oferece uma evidente alternativa.

AGILE: CUIDADO, FRÁGIL

Quando penso nos meus últimos 40 anos, na minha jornada desde a Marinha Real até o Perpetual Guardian, consigo identificar um padrão consistente em meu trabalho. Agora, percebo que fui com frequência atraído para cargos de gestão de mudanças corporativas que pressagiavam muitas das tendências que emergiam como consequência da economia gig.

Uma dessas tendências é o que agora chamamos de práticas de trabalho Agile. Na *Forbes*, Steve Denning criou uma distinção entre uma empresa estabelecida, estruturada para explorar da forma mais eficiente possível o modelo de negócios existente, e uma organização Agile, que ele descreveu como um "organismo vivo que cresce, aprende e se adapta a fim de explorar novas oportunidades e agregar novos valores para os clientes".

O conceito da metodologia Agile é aproveitar a energia e a inspiração dos funcionários — incentivando-os a inovar e agregar valor aos clientes. O processo envolve a formação de equipes autônomas, auto-organizadas que valorizam, conforme diz Denning, "transparência e aprimoramento contínuo antes da previsibilidade e da eficiência", e reconhecem "que conversas interativas abertas são mais valiosas do que diretrizes vindas dos superiores".

A ideia é parar qualquer trabalho que não agregue valor ao consumidor; conforme conclui Denning, "a chave do sucesso não é fazer *mais trabalho mais depressa*. A chave é ser *mais inteligente* ao gerar *mais valor* com *menos trabalho* entregue *mais cedo*."[72]

Preciso explicar que não estou questionando o objetivo do método Agile, que coloca o trabalho como sinônimo de criação de inovação em um negócio. Minhas preocupações referem-se à forma como ele é implementado, e o potencial para que sua implementação seja relacionada a mudanças significativas na estrutura e nas condições de trabalho. Por que empresas aparentemente bem-sucedidas não são capazes de oferecer inovação significativa e mudar a base de estruturas existentes sem mudanças organizacionais tão abrangentes?

Dois exemplos vêm de perto de onde vivo, onde a Spark, a maior empresa de telecomunicações da Nova Zelândia, anunciou recentemente que adotaria o sistema Agile como novo modelo operacional. Denning credita o nascimento do Agile a um manifesto de desenvolvimento de software escrito em 2001, e argumenta que recentemente tornou-se "um enorme movimento global que se estende para além do software... impulsionado pela descoberta de que a única forma como as organizações podem lidar com o mercado turbulento de hoje, voltado exclusivamente para o cliente, é se tornar Agile".[73]

A principal rival da Spark reconheceu nessa iniciativa um movimento poderoso. Não muito tempo depois de a principal empresa de telecomunicações sinalizar sua mudança para o método Agile, em um comunicado de imprensa de março de 2018,[74] a Vodafone Nova Zelândia anunciou planos semelhantes, evitando nitidamente qualquer controvérsia ao prometer não alterar contratos de trabalho.[75] Posteriormente, a Vodafone pediu a 2.100 dos seus 2.700 funcionários que considerassem a rescisão voluntária.[76] A Spark, por outro lado, sofreu críticas pesadas por ter planejado sua mudança junto com um período de reestruturação e demissões, e por exigir que seus 1.900 funcionários assinassem novos contratos do tipo Agile ou deixassem a empresa.[77]

Talvez isso seja apenas mais do mesmo, pois, de onde observo esse debate relacionado ao sistema Agile — que, na verdade, discute direitos trabalhistas, não os fundamentos dessa metodologia —, acabo sendo levado de volta ao Citibank, e depois à minha subsequente passagem pela Tower, onde, nos dois casos, pediram-me para controlar uma situação problemática e fundir duas unidades díspares em um novo setor de recursos australianos. As dificuldades usuais estavam evidentes, com um antigo vácuo de liderança e colegas seniores posicionados em várias cidades de diferentes países.

A abordagem na Tower foi facilitada pela minha capacidade de levar comigo boa parte da liderança que eu tinha no Citibank. Consegui restabelecer nossas reuniões diárias no café da manhã, que tinham algumas das características das práticas de trabalho que ainda seriam inventadas pelo sistema Agile. Trabalhávamos com agilidade, jogando no ar questões sobre as xícaras de café e, aqui e ali, resolvendo os cursos de ação. Nós implementamos uma mudança rápida, separando os negócios de seus progenitores e, em seguida, fazendo uma oferta pública inicial na Australian Stock Exchange com o nome de Australian Wealth Management Limited.

Hoje, o Agile é discutido no contexto de sua capacidade de implementar mudanças depressa, muitas vezes vinculadas a avanços tecnológicos. Quando eu penso no que conquistamos no Citibank, e depois no Tower e no Australian Wealth Management, vejo que se encaixa nessa definição, com a introdução de novos produtos e transações financeiras feitas com agilidade. As equipes que eu liderava eram rápidas, de alto desempenho e totalmente comprometidas com o trabalho. Muitas vezes, comprometidas até demais, admito.

O que nunca comprometemos foram os direitos e a autonomia dos funcionários, conforme definidos por lei. Qualquer preocupação que eu tenha em relação à implementação formal do sistema Agile nos dias de hoje coincide com o que os especialistas em direito do

A RESPOSTA CORPORATIVA

trabalho expressaram em relação ao caso Spark, em particular. Enquanto a Spark insistia na legalidade da adoção do sistema Agile e do ajuste dos contratos, comentaristas levantaram questões sobre a brevidade do tempo que a empresa investiu verificando a receptividade das mudanças entre os funcionários, e o fato de o sistema Agile não ter sido testado generalizadamente no contexto jurídico da Nova Zelândia.[78]

Minha experiência comprova que a inovação rápida pode ocorrer no âmbito de contratos de trabalhos existentes, desde que haja liderança e comunicação eficazes. Mas uma mudança formal para contratos Agile — que potencialmente altera o equilíbrio de poderes entre empregador e empregado, decisivamente a favor do primeiro — deixa um funcionário vulnerável ao desligamento, caso não cumpra o cronograma determinado pelo empregador, sendo tal prazo razoável ou não?

Obviamente, todos os funcionários têm critérios de desempenho, e a própria semana de quatro dias é uma política de produtividade vinculada à produção. A diferença é que as metas são definidas e acordadas mutuamente, os contratos são exemplares da atual legislação trabalhista — e o fracasso, se houver, leva à perda apenas do dia de descanso da semana, e não do emprego.

Pergunto-me se, em alguns casos, pelo menos, o sistema Agile não seria uma evolução natural, mas uma tábua de salvação colocada para uma empresa em declínio, ou para uma indústria que alcançou seu ponto de saturação. Por que as empresas que fizeram a transição para o sistema Agile não conseguiam praticá-lo antes? Se olharmos mais de perto, podemos concluir que o real problema é uma inadequação na liderança. Onde quer que o sistema Agile seja adotado e um novo modelo contratual, focado em penalizar, seja imposto, vale a pena se perguntar se a atual safra de gerentes e diretores são as pessoas certas para o trabalho.

Como na semana de quatro dias, o conceito Agile não fica apenas no escritório do especialista. Superficialmente, os dois parecem ter elementos em comum, se quisermos confiar na avaliação feita por

Steve Denning de que o Agile "reconhece que conversas interativas abertas são mais valiosas do que diretrizes vindas dos superiores".[79]

Mas o sistema Agile tem se tornado muitas vezes sinônimo de redundância, sua orientação para criar eficiência nos negócios coincide com reduções no número de funcionários, seja por meio de rescisões voluntárias ou demissões forçadas. Na semana de quatro dias, a busca por eficiência é projetada não apenas para proteger os empregos e aumentar a produtividade e a rentabilidade, mas para oferecer *mais* aos trabalhadores — uma abordagem atraente na qual a recompensa é a ampla segurança no trabalho, e não a vulnerabilidade generalizada.

CAPÍTULO QUATRO

O propósito da semana de quatro dias

O GRANDE EXPERIMENTO

Enquanto eu viajava pelo mundo e falava ao vivo para grandes plateias, meios de comunicação e outros dirigentes sobre minhas razões para testar a semana de quatro dias, lembrei a todos de uma coisa: antes de tudo, sou um homem de negócios. Minha corporação não é uma instituição de caridade nem uma iniciativa social, mas uma empresa típica com fins lucrativos da qual eu tenho uma participação acionária. Sou responsável pelos empregos e pelo bem-estar profissional geral de 240 pessoas, e preciso justificar todas as grandes decisões para um conselho empresarial. Ao menos, essa é a ideia. Eu sabia que a semana de quatro dias seria controversa em meu próprio conselho. E a questão ficou um pouco mais controversa porque me esqueci de comunicar aos meus colegas diretores com antecedência, e eles tomaram conhecimento do assunto pela televisão.

De qualquer forma, os fins lucrativos da Perpetual Guardian — uma grande empregadora segundo os padrões das empresas da Nova Zelândia e a maior sociedade fiduciária estatutária do país, que supervisiona mais de 200 bilhões de dólares neozelandeses em ativos — significavam que, quando comecei a pensar em experimentar a semana de quatro dias, eu não estava agindo por benevolência ou desejo de que minha equipe gostasse de mim. Minha motivação era uma curiosidade baseada em evidências. Naquele momento de iluminação no avião, fiquei surpreso e um tanto alarmado ao saber que a produtividade diária era tão baixa, entre 1h50 a 2h50 em alguns locais de trabalho canadenses e britânicos. Eu me perguntei qual seria a produtividade média individual no Perpetual Guardian — nunca tínhamos medido isso formalmente.

A partir desse pensamento, ocorreu-me que pedir aos funcionários que entregassem um pouco mais de produtividade em quatro dias de trabalho em troca de um dia inteiro de folga por semana poderia produzir resultados singularmente edificantes. Se todos fizessem 100% do trabalho em 80% de suas horas habituais por 100% de seus salários, o que aconteceria?

O ponto de partida para o teste da semana de quatro dias foi simples assim. Estávamos buscando dados e queríamos poder comparar a Perpetual Guardian com empresas de tamanho semelhante em outros mercados e indústrias. Se estivéssemos sendo mais — ou menos — produtivos por dia do que outras companhias, por que isso acontecia? De início, esse foi apenas um experimento dentro do meu próprio negócio, com a intenção de estabelecer como nossa abordagem de trabalho estava impactando na equipe e descobrir como poderíamos trabalhar com mais inteligência.

Só depois que a história apareceu nas mídias locais, e depois internacionais, que começamos a provocar deliberadamente um debate global sobre produtividade e a semana de quatro dias.

Isso pode parecer ambição demais, mas a extraordinária intensidade do interesse em nosso teste e em seus resultados me disseram que havia chegado a hora de ter essa conversa. Mesmo antes que eu me sentasse naquele avião, eu não tinha dúvida de que a maneira como trabalhamos hoje não está mais funcionando para nós.

Ao retornar à Nova Zelândia, fui direto ver minha diretora de Recursos Humanos, Christine Brotherton, para discutir o e-mail

O PROPÓSITO DA SEMANA DE QUATRO DIAS

que eu tinha enviado para ela sobre o artigo da *The Economist* e minha grande ideia. Assim que ela entendeu que eu estava falando sério sobre experimentar a semana de quatro dias (precisei de muita persuasão para que ela e a equipe de liderança deixassem de considerar a ideia pura fantasia) e que eu não estava disposto a pôr em risco, sequer minimamente, a viabilidade da empresa, começamos a falar sobre seu propósito.

Não venderíamos para a nossa equipe a ideia de um fim de semana prolongado semanal, ou um dia de folga gratuito, mas um presente em troca de que fossem produtivos e alcançassem os padrões de atendimento ao cliente, além de atingir objetivos de equipe relacionados aos negócios. Explicamos a eles que queríamos testar a teoria de que mais eficiência viria como resultado de foco direcionado e motivação da equipe, e tínhamos a intenção de usar a empresa como um laboratório.

Todos concordaram. Quando expliquei a ideia em uma reunião geral da companhia, primeiro fui recebido com um silêncio atordoado, depois com risadas hesitantes e, eventualmente, aplausos. Toda a equipe foi receptiva ao desafio de trabalhar de maneira diferente. Estava evidente que eles tinham entendido que não se tratava apenas de processos e procedimentos, mas de como eles administrariam melhor seu tempo. Foi um pacto entre nós. Se eles terminassem seu trabalho e nossos clientes continuassem satisfeitos, eu lhes daria um dia de folga a cada semana com salário integral, e eles não precisariam trabalhar mais horas nos quatro dias em que estariam no escritório. Então, fizemos uma tentativa.

Ações falam mais alto que palavras (ou aplausos), e eu estava ciente de que muitos dos dirigentes sêniores da equipe continuavam céticos em relação ao modelo. Conseguir a aprovação deles apenas para começar o teste, e que mantivessem a mente aberta independentemente de seus receios pessoais, tinha sido difícil. Eles dariam uma chance à ideia e forneceriam a liderança necessária naquele teste? Da mesma forma, a equipe responderia ao desafio?

Eles mudariam comportamentos e processos de trabalho a fim de gerenciar melhor seu tempo?

Havia muitas perguntas sem resposta, mas eu continuava otimista de que a equipe poderia corresponder ao desafio.

LIÇÕES PARA OS CHEFES

Depois de um mês de planejamento, começamos o teste em março de 2018 sem a expectativa de que isso nos forneceria todas as respostas, mas sabendo que aquele poderia ser um grande passo para que nossa empresa funcionasse melhor tanto para a equipe quanto para o cliente final. Sabíamos que, se funcionasse para nós — ainda que parcialmente —, seria uma prova de que a semana de quatro dias ou um modelo alternativo de flexibilidade poderia ser aplicado em muitas outras companhias.

No Capítulo Seis, vamos nos aprofundar em como projetamos e conduzimos o teste antes de implementar a semana de quatro dias da empresa, mas é importante observar que grande parte da estrutura da semana de quatro dias foi gerada por nossos funcionários, a quem pedimos para projetar o estudo de acordo com suas cargas de trabalho individuais e em equipe, objetivos de desempenho e preferências pessoais de cronograma.

Já tínhamos alguns dados da equipe interna de pesquisas de engajamento realizadas anualmente de 2015 a 2017, e isso serviu de base para as pontuações de engajamento da fase pré-teste. Contudo, as perguntas eram um tanto superficiais, focando apenas em quão comprometido um funcionário estava com a empresa ou satisfeito com o trabalho, e produziram resultados também superficiais. Logo percebemos que precisávamos de uma opinião especializada de fora da empresa. Os pesquisadores acadêmicos que convidamos para monitorar a preparação do teste, o teste em si e

O PROPÓSITO DA SEMANA DE QUATRO DIAS

seus resultados foram inestimáveis na garantia de dados robustos sobre o engajamento e uma série de outros parâmetros.

O teste foi a melhor maneira de experimentar o meu palpite de que a flexibilidade no trabalho — no nosso caso, a semana de quatro dias, embora este livro vá discutir algumas alternativas — é a melhor opção para os empregadores enquanto as ramificações da Quarta Revolução Industrial se desenrolam de maneiras imprevisíveis. Como empresário, quero uma organização que tenha saúde fiscal, com crescimento constante, balanço positivo e canais para inovar e expandir nossa plataforma, e serviços para novos mercados. Como empregador, quero que a cultura seja saudável, e que nossos funcionários possam dar o seu melhor enquanto estão no escritório, assim como em casa. Eles merecem isso, e seus entes queridos também.

Meu instinto era que a semana de quatro dias oferecia uma solução natural para males que, embora não tivessem afetado de forma evidente a minha empresa, são comuns em nossa cultura de trabalho. Nossos funcionários entenderam que a produtividade era o principal objetivo do teste, mas eu também procurava descobrir como poderíamos alcançar um equilíbrio ideal entre o trabalho e a vida pessoal, protegendo-nos do excesso de estresse, de transtornos de saúde física e mental, do presenteísmo e da hiperconectividade quando pedi às pessoas que fizessem mais no escritório em troca de mais tempo longe dele. Eu estava convencido de que o teste me ajudaria a entender se minhas preocupações com o bem-estar da minha equipe eram justificadas — e se a semana de quatro dias representaria uma solução.

Para outros empregadores que ponderam fazer uma mudança, digo: primeiro, defina seu propósito. A semana de quatro dias é apenas uma das formas possíveis de flexibilizar o trabalho, e pode não ser o método adequado para todas as empresas. Explique o que você deseja alcançar em todos os estratos, desde o conselho até os dirigentes e os funcionários. Você deseja aumentar a produtividade e o engajamento, reduzir o absenteísmo e o presenteísmo, atrair e manter boas pessoas, motivar sua equipe, alcançar uma cultura e saúde organizacionais no geral melhores, aumentar a receita? Se seus objetivos estiverem explícitos desde o início, os marcos do sucesso podem ser medidos com precisão.

Pergunte continuamente a opinião de seus funcionários. Peça que eles pensem sobre, discutam e registrem como aumentarão sua produtividade individual e a de sua equipe. Isso pode provocar conversas reveladoras sobre o que é a produtividade — não em termos genéricos, mas *para o seu negócio*, a um nível individual. Essa é uma informação valiosa. Esteja preparado para investir tempo nesse processo e tome decisões baseadas nas respostas que receber. Para dirigentes e gerentes, essa é a oportunidade de assumir um papel inclusivo ao se comprometerem com a iniciativa e orientar e treinar suas equipes. Esse engajamento gerará confiança e terá vários benefícios para além do desempenho. Um dos resultados mais valiosos é que mais pessoas encontrarão prazer no trabalho. Isso é um enriquecimento para a empresa muito maior do que o que pode ser visto em um relatório de balanço.

Pense em como a demografia das cidades e dos países em que você opera está mudando, e como a flexibilidade no trabalho afeta uma força de trabalho cada vez mais diversificada: você tem funcionários de meio período, figuras parentais de crianças pequenas, diferentes gerações de funcionários, pessoas que migraram de outros países e culturas? Do que eles precisam na estrutura do local de trabalho a fim de que sejam melhores no trabalho e em casa?

Acima de tudo, seja honesto consigo mesmo sobre o que é possível em sua empresa da forma como ela é hoje. Mais adiante, neste livro, vamos abordar os obstáculos à semana de quatro dias e à flexibilidade no trabalho, mas, por enquanto, após testemunhar e ouvir relatos de tentativas falhas, posso dizer que os fatores comuns

O PROPOSITO DA SEMANA DE QUATRO DIAS

para que isso aconteça são a falta de trabalho de base e uma abordagem descendente.

A menos que você já tenha uma compreensão íntima do que todos os seus funcionários estão fazendo diariamente, do que eles poderiam fazer melhor e o que querem mudar, você não pode impor unilateralmente uma semana de quatro dias e esperar sucesso. Da mesma maneira, um teste é uma forma de descobrir o que você não sabe. Antes do nosso teste, eu tinha passado quatro anos cultivando minuciosamente um novo negócio e uma cultura saudável em duas empresas que adquiri. Isso incluiu inserir camadas de metodologias digitais onde antes havia um negócio tradicional. De certa forma, estávamos ficando mais experientes, mas o teste expôs todos os tipos de tarefas antiquadas e demoradas que as pessoas tinham herdado de seus empregadores anteriores e nunca tinham pensado em questionar, de maneira que muitas vezes seus gerentes não tinham uma imagem nítida quanto aos obstáculos à produtividade enterrados profundamente nos negócios. No entanto, quando o dia de folga ficou sob risco por causa de tarefas desnecessariamente trabalhosas, as pessoas encontraram formas de fazer as coisas de um modo melhor.

Lembre-se: o principal objetivo da semana de quatro dias é a produtividade. Não posso ser mais explícito que isso. Quando me perguntam sobre a generosidade da semana de quatro dias, lembro que a parte do bem-estar é um benefício secundário, porque, gostemos ou não, a forma como vivemos nossas vidas depende de que as empresas tenham lucros, que os impostos sejam cobertos e as famílias tenham a capacidade de honrar dívidas. Há um excelente argumento para a flexibilidade no trabalho que atende aos objetivos empresariais, sociais e de saúde pública, mas ele cai ao primeiro obstáculo se a produtividade for baixa ou não se mantiver.

A extraordinária equação da semana de quatro dias é que, ao colocar a produtividade em primeiro lugar e incentivar a equipe a fazer o mesmo, o valor ultrapassa a sala de reuniões e a folha de balancete, e reflete nas casas e no bem-estar dos trabalhadores.

EM RESUMO

- Proprietários e dirigentes de empresas que estão considerando a semana de trabalho de quatro dias vão se beneficiar com um teste. Realizá-lo possibilita a coleta de dados para comparar sua empresa com outras de tamanho semelhante em outros mercados e indústrias. Ao testar o modelo 100-80-100 em toda a companhia, você pode descobrir se a ampliação do foco e da motivação da equipe resultará em aumento da eficiência.

- Os resultados do teste na Perpetual Guardian provaram que a semana de quatro dias ou um modelo alternativo de flexibilidade poderiam ser aplicáveis em muitas outras empresas.

- De preferência, a maior parte da estrutura montada por uma empresa ao estabelecer a semana de quatro dias deve ser gerada pela equipe, que pode projetar o teste de acordo com suas cargas individuais e coletivas de trabalho, objetivos de desempenho e horários de preferência. Esses fatores são variáveis de acordo com cada organização.

- Para monitorar o estudo e seus resultados e gerar dados úteis, considere contratar especialistas de fora da empresa. Os pesquisadores acadêmicos que convidamos para trabalhar no teste da Perpetual Guardian conseguiram garantir dados robustos sobre engajamento e uma série de outros parâmetros.

- Defina primeiro o seu objetivo. A semana de quatro dias é apenas uma forma de flexibilizar o trabalho, e pode não ser a ideal para todas as empresas. Busque uma transparência em relação ao que você deseja alcançar em cada setor, desde a diretoria até os gerentes e funcionários. Se seus objetivos estão explícitos desde o início, o sucesso e as conquistas podem ser medidos de maneira acurada.

- Seja honesto consigo mesmo em relação ao que é possível na sua empresa como ela é hoje.

- Pergunte sempre a opinião de seus funcionários. Peça que reflitam, discutam e documentem como vão aumentar sua produtividade individual e a de sua equipe.

CAPÍTULO CINCO

Os dados

DEIXE OS NÚMEROS FALAREM

Um ditado famoso nos negócios é "o que pode ser medido é gerenciado", e, como tínhamos antecipado e planejado tudo no teste da semana de quatro dias, sabíamos que essa poderia ser a primeira fase de algo importante para nossa empresa. Um requisito fundamental era a necessidade de provar ao conselho, caso o teste fosse bem-sucedido, que a semana de quatro dias era um método válido de trabalho e tinha viabilidade a longo prazo como parte das operações da empresa. As manchetes internacionais eram a última coisa na minha cabeça! Conselhos responsáveis e sensatos respondem a dados robustos (e o sucesso gera perdão), então nos preparamos para conseguir alguns.

Nesse sentido, erramos ao anunciar o teste antes de reunir um conjunto abrangente de dados sobre os níveis de engajamento pré--teste e do equilíbrio na empresa entre a vida profissional e a pessoal dos funcionários. Um conjunto inicial de dados teria servido como controle em relação ao inevitável aumento no engajamento quando o teste foi anunciado e recebido positivamente pela equipe — de forma que só podemos fazer uma suposição abalizada dos níveis de engajamento e bem-estar antes do anúncio, reforçados pelo que os funcionários relataram durante o teste e em sua sequência imediata.

Essa omissão refletiu a gênese da ideia — meu palpite de que os funcionários não eram produtivos o tempo todo, como indicado naquele artigo da *The Economist* — e minha decisão de testar a hipótese por mim mesmo. No início, a pesquisa foi uma reflexão tardia, mas logo vimos que era necessário torná-la uma peça central no planejamento da semana de quatro dias.

Para garantir uma metodologia sólida no estudo dos níveis de engajamento da equipe e do impacto — caso houvesse — do teste no estresse e bem-estar dos funcionários, convidamos dois pesquisadores acadêmicos para ajudar no teste: dra. Helen Delaney, da University of Auckland Business School, que conduziu pesquisas qualitativas nas experiências dos funcionários durante o teste, e Jarrod Haar, professor adjunto da Auckland University of Technology (AUT), que estudou o mesmo grupo de funcionários em uma base quantitativa.

Uma abordagem quantitativa é utilizada para explicar algo a partir da coleta de dados numéricos, que são em seguida analisados através de métodos matemáticos. Isso nos permitiu apontar em números os movimentos em diferentes variáveis de engajamento dos funcionários, que então podiam ser representados graficamente para propósitos comparativos.

Utilizamos a pesquisa qualitativa para entender como e por que membros da equipe reagiram de determinada forma — o que nos forneceu informações mais detalhadas sobre comportamentos. Juntas, as duas abordagens nos possibilitaram uma visão ampla do impacto do teste na empresa.

De início, estava previsto que o teste durasse seis semanas, mas, assim que começou, os pesquisadores perceberam que poderíamos obter mais valor dos dados se o estendêssemos para oito semanas, e concordamos. Dessa forma, o teste ocorreu basicamente durante março e abril de 2018.

Como Haar observou em seu relatório de pesquisa:

> Um problema desses testes é que todos estão felizes e inspirados [pela perspectiva de uma semana de quatro dias], e, por conse-

OS DADOS 91

guinte, *tudo* aumenta. Isso faz com que determinar os efeitos positivos seja um pouco confuso. Como consequência, incluí dois conceitos-tipo para testar a segurança dos dados. *Teoricamente*, é improvável que tais variáveis sejam melhoradas durante o teste da semana de quatro dias.

Os dois conceitos-tipo que ele selecionou foram (1) Personalidade Proativa, indicando que fatores pessoais acarretam comportamentos, e não a influência das mudanças no ambiente; e (2) Complexidade do Trabalho, que simplesmente indica a complexidade das tarefas que um funcionário realiza em seu trabalho.

Uma pontuação alta no primeiro tipo reflete que o traço de personalidade proativo é mais predominante, enquanto uma pontuação alta na complexidade do trabalho reflete mais complexidade no papel de uma pessoa. Essas descobertas estabelecem confiança e apoiam a ideia de que as respostas são genuínas e não tendenciosas (ou falhas). Em essência, Haar estava usando essas variáveis como fatores de controle. Eles não deveriam se alterar como consequência do teste, portanto, caso se mantivessem estáveis, e outros fatores mudassem, teríamos evidências de que aquela mudança seria um resultado do teste e não, conforme ele identificara, apenas um crescimento de todas as pontuações do quadro.

Além de detalhar um conjunto de conceitos relacionados, formando hipóteses e, por fim, relatando o que foi encontrado, o trabalho de Haar foi importante por fundamentar os resultados quantitativos do teste no contexto de outros dados da Nova Zelândia sobre os mesmos conceitos. Como pesquisador nacional de ponta em gestão de recursos humanos e comportamento empresarial, ele pôde referenciar dados de mais de 6 mil funcionários em posições equivalentes a partir do período de 2017/2018, e nos disse que estava confiante de que os resultados forneceriam inteligência útil ao alcance de outros grupos para comparação. Ou seja, sua análise avaliaria se o teste fez uma diferença mensurável na vida pessoal e profissional de nossa equipe.

Nos dados de Haar, a seção de funcionários refere-se às experiências de toda a nossa equipe, e as informações foram coletadas por

92 A SEMANA DE QUATRO DIAS

meio de pesquisas na semana anterior ao teste e na semana seguinte à sua conclusão. Os supervisores deviam fornecer classificações de suas equipes.

Embora os 240 entrevistados da Perpetual Guardian constituíssem um baixo número para os padrões quantitativos de pesquisa, a coleta de dados utilizou técnicas de pesquisa para determinar a variação de respostas e, portanto, a capacidade estatística de detectar mudanças entre as etapas pré-teste e pós-teste, de forma que pudéssemos coletar muitas informações a partir de um tamanho de amostra relativamente pequeno.

Haar começou com a seleção de uma série das variáveis mais apropriadas (ou tipos) para ser usada nesse tipo de pesquisa a fim de determinar a reação dos funcionários às mudanças trazidas pela semana de quatro dias.

CONCLUSÕES DA PESQUISA QUANTITATIVA

Seção 1: Dados dos funcionários

Resultados: Apoiar percepções

Dois tipos foram selecionados: (1) *Suporte organizacional percebido* (*Perceived Organisational Support* ou *POS*, no original), que demonstra a maneira como os funcionários veem a preocupação da empresa com seu bem-estar. Uma pontuação alta indica fortes percepções. Há uma série de dados mostrando que essa noção influencia fortemente os resultados do trabalho dos funcionários (satisfação, comprometimento, desempenho, manutenção) e tem algum efeito no bem-estar; (2) *Clima de Segurança Psicossocial* (*Psychosocial Safety Climate* ou *PSC*, no original), que demonstra as percepções dos trabalhadores em relação à maneira como sua empresa cuida de sua segurança e de sua saúde mental, e está relacionado com o bem-estar psicológico e com o engajamento.

Conforme Haar sugeriu em seu relatório de pesquisa, as descobertas corroboraram o aumento dessas percepções ao longo do teste. Embora estatisticamente significantes, os aumentos pareciam modestos; no entanto, isso poderia significar que essas percepções já tinham começado a ser influenciadas (aumentaram) na época do anúncio do teste.

Observe que, nesses gráficos, a média pré-teste para a Nova Zelândia representa a base do intervalo de dados, e a média pós-teste representa o topo.

Haar identificou que, em comparação com outros dados da Nova Zelândia (em especial POS), a média geral seria entre 3,3 e 3,6 — portanto, tínhamos um ponto de partida (3,78) bastante alto. A pontuação mais alta pós-teste, de 3,91, é consequência de uma importante percepção positiva dos funcionários. Também foi reconhecido que a pontuação para o PSC era bastante alta (por comparação internacional) no pré-teste, e o crescimento pós-teste foi significativo e alto. A conclusão foi que os funcionários de fato pensavam que a Perpetual Guardian se preocupava com seu bem-estar e com sua segurança e saúde mental.

Resultados: Trabalho em equipe

Dois tipos foram selecionados: (1) *Capital Psicológico da Equipe* (*Team Psychological Capital* ou *TeamPC*, no original), que demonstra a força da equipe no que diz respeito a ter esperança, confiança, resiliência e otimismo. Uma pontuação alta indica grandes percepções desses pontos fortes dentro da equipe e entre seus membros — não apenas de maneira individual; (2) *Coesão da Equipe* (*Team Cohesion* ou *TeamCoh*, no original) demonstra as percepções dos trabalhadores em relação ao modo como sua equipe opera em conjunto — como eles se comportam e se são uma unidade coesa. Isso está fortemente relacionado ao desempenho e aos resultados do trabalho (comprometimento, satisfação no trabalho etc.).

Haar observou que as descobertas corroboraram fortemente o aumento dessas percepções ao longo do teste.

Ele descobriu que, em comparação com outros dados da Nova Zelândia, a média geral seria por volta de 4,0 a 4,1 — de forma que os pontos de partida (4,87 e 4,49) eram altos. A pontuação pós-teste de 5,19 demonstra, conforme ele constatou, uma "incrível" percepção dos funcionários em relação a sua força psicológica, o que era "bastante semelhante" em relação à coesão da equipe. Em resumo, funcionários relataram que suas equipes cresceram e se fortaleceram ao longo do teste e exibiram maior força por causa dele.

Resultados: Prontidão para a mudança

A literatura sobre melhoria de negócios sugere que as mudanças (como o teste) têm mais probabilidade de sucesso se as pessoas estiverem positivamente preparadas (focadas) nelas. Nosso teste foi moldado no nível da equipe por duas razões: sentimos que seria melhor para as pessoas refletirem sobre o desempenho de sua equipe, e não sobre o próprio desempenho (mais confiável); e, como o teste tinha, na realidade, um foco maior na equipe, a abordagem da equipe foi mais apropriada.

O professor Haar observou que os resultados indicavam um forte aumento dessas percepções ao longo do teste. De novo, sua comparação com outros dados da Nova Zelândia resultou que o intervalo usual estaria em torno de 3,5 (supondo uma mudança potencialmente positiva) — portanto, o ponto de partida em 4,26 demonstrou um alto nível de prontidão para começar o teste. A pontuação de 4,46 pós-teste indicou um forte crescimento na prontidão para essa mudança, e um desejo de mudar para a semana de quatro dias. Em resumo, os funcionários relataram que suas equipes estavam preparadas para o teste, mas depois dele ficaram ainda mais focadas e preparadas para adotar a mudança.

Em outros capítulos deste livro, discuto a necessidade de uma empresa estar preparada para adotar a mudança como precursora da implementação da semana de quatro dias. Dirigentes de empresas cuja cultura não está aberta a isso devem, portanto, considerar a implementação de outras mudanças, menores, desenvolvidas pela equipe antes de iniciar um teste. E se existem outras condições que conduzem a um teste, esse "pré-trabalho" de iniciativas mais modestas ajudará a cultura a começar a se adaptar à mudança, de forma a facilitar o caminho de toda a empresa em direção a uma reorganização abrangente do tempo e da produtividade no ambiente de trabalho.

Resultados: Fatores de trabalho

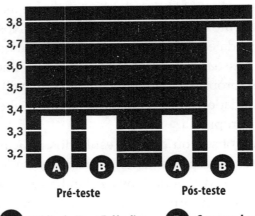

Dois tipos foram selecionados: (1) *Equilíbrio entre trabalho e vida pessoal* (*Work-Life Balance* ou *WLBal*, no original) indica a percepção do funcionário do quão bem-sucedido ele é ao balancear seus papéis no trabalho e na vida pessoal. Uma média alta significa bom equilíbrio, e há muitos dados demonstrando que essa noção exerce grande influência nos resultados do trabalho de um funcionário (satisfação no trabalho, comprometimento com a empresa) e em seu bem-estar (ansiedade e depressão); (2) *Demandas de trabalho* (*Work Demands* ou *WkDemands*, no original) indica a percepção do funcionário em relação à sua carga de trabalho e à natureza do excesso de trabalho. Está fortemente associado a desfechos prejudiciais, como baixo índice de satisfação no trabalho e baixa performance e comprometimento no bem-estar (mais estresse).

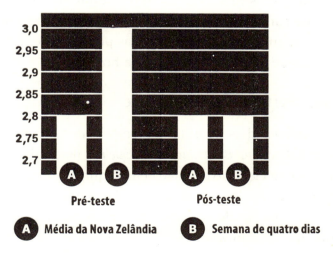

Haar observou que seus resultados indicavam um aumento nas percepções do equilíbrio entre vida profissional e pessoal durante o teste. O conceito de demandas de trabalho caiu significativamente depois do teste, o que, de acordo com o pesquisador, indica um incentivo a que o trabalho (37,5 horas) fosse finalizado em 30 ho-

98 A SEMANA DE QUATRO DIAS

ras. Psicologicamente, isso deu aos funcionários a liberdade de se concentrarem no trabalho nos quatro dias de trabalho da semana.

O teste produziu uma quantidade considerável de dados sobre equilíbrio entre vida pessoal e profissional. Haar notou que o ponto de partida de 3,36 era "bastante típico" (por volta da média geral), embora a pontuação pós-teste de 3,76 indique uma percepção positiva dos funcionários, que sentiram uma transformação bastante aparente no equilíbrio entre suas vidas pessoais e profissionais.

A pontuação decrescente pós-teste para demandas de trabalho, que ficou em 2,8, indicou níveis mais comuns entre outros funcionários da Nova Zelândia. Em síntese, os funcionários relataram um maior equilíbrio entre suas vidas pessoais e profissionais e menos demandas de trabalho, demonstrando efeitos positivos do teste nesses fatores de trabalho.

De todos os resultados da pesquisa, este foi o mais surpreendente, pois indicava que os funcionários se tornaram mais capazes de lidar com suas cargas de trabalho como consequência da semana de quatro dias, que promoveu mudanças positivas de comportamento em relação às demandas de trabalho.

Resultados: Performance de equipe

Foram selecionados dois tipos: (1) *Comportamentos de Cidadania em Equipe* (*Team Citizenship Behaviours* ou *TCBehav*, no original) indica a percepção do funcionário de quão bem a equipe se engaja em atitudes solícitas no trabalho — tipicamente, fazer coisas que *não* estão dentro de suas funções de trabalho e atuar em papéis que não lhe são exigidos, mas ajudam a equipe; (2) *Comportamentos de Criatividade em Equipe* (*Team Creativity Behaviours* ou *TCreative*, no original) indica como os funcionários percebem a performance de suas equipes em relação à inovação e à criatividade.

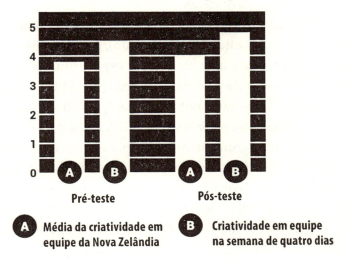

As pontuações de partida de 4,6 e 4,4 eram bastante altas (a média geral seria em torno de 3,8 a 4,0) e poderiam estar relacionadas à preparação efetuada pelos funcionários e suas equipes na expectativa pelo teste. Dito isso, as pontuações pós-teste indicam uma evolução positiva nos quesitos comportamento criativo em equipe e atitudes solícitas, conforme já esperávamos na teoria.

Em resumo, os funcionários relataram um aperfeiçoamento na performance da equipe, indicando efeitos positivos do teste no desempenho do trabalho (a um nível coletivo).

Resultados: Comportamentos no trabalho

Foram selecionados três tipos: (1) *Satisfação no trabalho* (*Job Satisfaction* ou *JobSat*, no original) indica o comportamento de um funcionário em relação à satisfação com seu trabalho; (2) *Engajamento no trabalho* (*Work Engagement* ou *Engagement*, no original) indica o engajamento psicológico do trabalhador — se ele está sintonizado com seu trabalho; (3) *Manutenção do empregado* (*Employee Retention* ou *Retention*, no original) indica a predisposição ou não do funcionário quanto a permanecer na organização.

A pontuação inicial desses comportamentos relacionados ao trabalho era muito alta: 3,86 (satisfação), 3,97 (engajamento) e 3,94 (manutenção). Mais uma vez, Haar especulou que isso poderia ser um indicativo de que essas percepções já tinham começado a ser influenciadas (aumentaram) na época do anúncio do teste para os funcionários, em janeiro de 2018. Apesar disso, os números ainda cresceram significativamente após o teste, e essas pontuações permanecem muito altas (sem dúvida as mais altas que Haar já viu em seus dados da Nova Zelândia). Embora não seja uma surpresa, dada a reação positiva ao anúncio do teste, os funcionários relataram, individualmente, evoluções significativamente positivas em seu comportamento em relação ao trabalho.

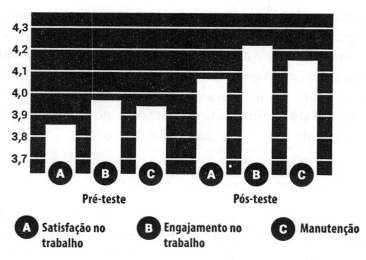

Resultados: Bem-estar

Cinco tipos foram selecionados, e todos usavam uma pontuação percentual (0-100%) — em cada caso, quanto maior, melhor, exceto em relação ao estresse laboral: (1) *Satisfação com a vida* (*Life Satisfaction* ou *LifeSat*, no original) indica a satisfação geral de um funcionário com a própria vida; (2) *Satisfação com a saúde* (*Health Satisfaction* ou *HealthSat*, no original) demonstra a satisfação geral de um funcionário com a própria saúde; (3) *Satisfação com o lazer* (*Leisure Satisfaction* ou *LeisureSat*, no original) aponta a satisfação geral de um funcionário com seu tempo de lazer; (4) *Satisfação da comunidade* (*Community Satisfaction* ou *CommunitySat*, no original) indica a satisfação geral de um funcionário em relação a seu envolvimento com a comunidade; e (5) *Estresse no trabalho* (*Job Stress* ou *Stress*, no original) aponta a avaliação do funcionário de como o trabalho influencia no seu estresse.

O ponto de partida dos resultados de bem-estar foi alto no quesito satisfação com a vida (ligeiramente superior à média de 70% da Nova Zelândia). Os outros números iniciais, entre 60% e 70%, foram um pouco menores do que esperávamos em comparação com os dados da Nova Zelândia. A pontuação do estresse no trabalho foi semelhante à média da Nova Zelândia (cerca de 45%). Os números pós-teste indicam um aumento sólido em todas as pontuações de bem-estar (e redução no estresse no trabalho). Haar comentou sobre as grandes evoluções no quesito satisfação no lazer, o que foi interessante no contexto de algumas das dificuldades que funcionários relataram em relação a gerenciar seu tempo de lazer adicional e tirar o maior proveito dele. Em suma, os funcionários relataram melhorias em seu bem-estar, indicando efeitos positivos do teste.

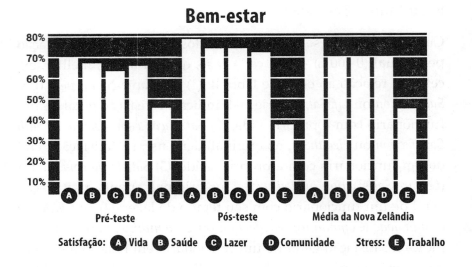

Seção 2: Dados dos supervisores

Resultados: Performance de trabalho

A performance de trabalho foi observada a partir de um conceito bastante comum: *desempenho no papel*, que basicamente indica como o supervisor avalia sua equipe (ou equipes) de funcionários enquanto realizam o trabalho. Uma pontuação alta demonstra desempenho bom ou ótimo. Esse tipo de conceito é muito útil quando há uma variedade de trabalhos sendo desenvolvida. Permite comparações entre equipes que estão fazendo diferentes tipos de trabalho.

Antes do teste, a expectativa era de que os supervisores não veriam a performance do trabalho melhorar durante o teste da semana de quatro dias. Embora à primeira vista isso possa parecer perverso, justifica-se porque é a mesma quantidade de trabalho sendo feita em menos dias. Se os trabalhadores conseguissem *manter* a pontuação (ou seja, não diminuir o rendimento), isso seria muito positivo. Teoricamente, havia uma chance de que a performance pudesse melhorar — se os trabalhadores se esforçassem mais. Mas, dado que eles teriam uma quantidade de tempo 20% menor para fazer o trabalho, a expectativa era de que não haveria um aumento absoluto no desempenho.

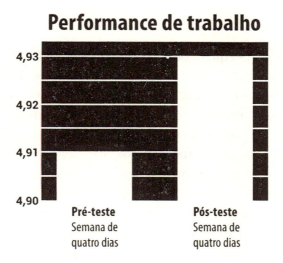

Com uma pontuação pré-teste de 4,91 e uma pontuação pós-teste de 4,93, Haar observou que os resultados indicavam ausência de mudança na performance de trabalho. Isso sugere que os supervisores notaram as equipes mantendo o padrão ao exercerem suas funções antes e depois do teste, e indica que os funcionários conseguiram produzir o suficiente e com êxito ao longo da semana de quatro dias.

Resumo

Em essência, os dados mostraram que os funcionários acreditavam que a empresa se importava genuinamente com sua saúde e bem-estar, com evoluções significativas nos quesitos trabalho em equipe, prontidão para a mudança e performance de equipe. Também houve melhorias importantes nos quesitos engajamento e equilíbrio entre vida profissional e pessoal, sem que houvesse uma redução discernível no desempenho da equipe. A maioria dos funcionários disse

104   A SEMANA DE QUATRO DIAS

que, com as mudanças introduzidas pelo teste, foi mais capaz de exercer suas funções trabalhando quatro dias, não cinco.

HISTÓRIAS MELHORES NO TRABALHO

A abordagem de pesquisa da dra. Helen Delaney se propôs a fornecer uma visão geral dos impactos — benefícios e desafios — da redução das horas trabalhadas no comportamento dos funcionários, seus relacionamentos entre si e no ambiente de trabalho, e se concentrar nos impactos do teste na vida pessoal dos contratados. Ela também forneceu um resumo dos principais comentários dos trabalhadores sobre a possibilidade de implementar o acordo de horas reduzidas.

A concepção da pesquisa envolveu oito grupos focais com mais de quarenta funcionários e gerentes da Perpetual Guardian, conduzidos entre 4 e 18 de maio de 2018. As entrevistas com os grupos focais variaram entre 60 e 90 minutos de duração, e os participantes apresentaram suas próprias experiências e as dos membros de sua equipe. Além disso, quatro entrevistas semiestruturadas de aproximadamente 30 minutos cada foram conduzidas com quatro dos líderes seniores da empresa.*

Resultados da pesquisa qualitativa

Impacto da redução do horário na dinâmica do trabalho

Motivação, colaboração, produtividade
Em geral, funcionários (incluindo gerentes) relataram que o teste resultou em várias melhorias nas condutas dentro do local de tra-

---

* Todas as entrevistas e grupos focais foram conduzidos pela dra. Delaney e ocorreram de acordo com os protocolos do Comitê de Ética em Pesquisa Humana da Universidade de Auckland em relação ao anonimato e à confidencialidade.

balho, nos relacionamentos e no ambiente. (Tabela 1 no Apêndice fornece uma lista dessas melhorias, com citações exemplificando. Veja a página 217.)

Houve vários temas que persistiram em todos os grupos focais e entrevistas:

- As discussões de planejamento antes do início do teste estimularam o **engajamento intelectual** dos funcionários, porque eles tiveram que pensar de modo diferente sobre seu trabalho, tanto individualmente quanto em equipe. Tais discussões eram novas para muitas equipes, e muitos funcionários expressaram um senso de voz própria e empoderamento em seu trabalho.

- A fase de planejamento do teste resultou em um esforço dos funcionários para projetar e implementar inovações e iniciativas para trabalhar de uma forma **mais produtiva e eficiente**. Essas microiniciativas práticas incluem automação de processos manuais, mudanças na conduta de reuniões (mais curtas, focadas, somente quando necessárias), caixas de entrada de e-mail compartilhadas, sistemas de encaminhamento de chamadas telefônicas, usando novos aplicativos para smartphones, instalando funções de bate-papo instantâneo para comunicação em equipe, e usando a tecnologia para se conectar com clientes (telefonemas em vez de encontros presenciais, para economizar o tempo de deslocamento).

- Além de outras mudanças comportamentais, os funcionários combinaram intervalos de refeições com tarefas de trabalho, priorizaram, planejaram e focaram no trabalho a ser feito, reduzindo ou eliminando o uso da internet não relacionado às funções no trabalho. Um tema frequente foi o aumento do nível de foco e presença — uma abordagem focada, "apenas faça o que tem que ser feito", em relação ao seu trabalho. As horas reduzidas significavam que os empregados poderiam sustentar um padrão de trabalho mais intenso e estariam ainda mais motivados para retornar ao trabalho.

106 A SEMANA DE QUATRO DIAS

- Os funcionários relataram um aumento nos níveis de **colaboração e trabalho em equipe** diretamente relacionados ao teste. Eles descreveram uma disposição mútua de ajudar uns aos outros. Múltiplas e novas iniciativas de comunicação possibilitaram um maior nível de engajamento entre funcionários. Muitas equipes (incluindo gerentes) experimentaram um maior compartilhamento de informações e/ou delegação de tarefas. Alguns gerentes descreveram sentir um aumento na apreciação e na confiança pela capacidade e credibilidade dos membros de sua equipe. O teste fez com que gerentes e funcionários se abrissem para a ideia de permitir que os trabalhadores tivessem algum grau de discrição em relação a onde, como e quando trabalham.

- Alguns funcionários descreveram os **benefícios do aumento de habilidades e do treinamento cruzado,** como se sentiram mais desafiados e estimulados pelo trabalho, além de haver uma maior compreensão de outras funções organizacionais e a diminuição do risco, para a organização, de perder um funcionário-chave — alguém que possua conhecimento ou informação significativa sobre os negócios. Essa noção de menor risco foi levantada por alguns funcionários que expressaram acreditar que, após o teste, a organização como um todo seria mais resiliente ao ser confrontada com situações inesperadas, como a ausência de um funcionário-chave ou um evento climático extremo.

- Um tema de destaque em todos os grupos focais foi que os funcionários tinham um **compromisso compartilhado com o propósito do teste** — e, de fato, uma semana de quatro dias permanente — de uma perspectiva empresarial. Ou seja, foi desenvolvido um profundo e amplo acordo em que a redução do horário de trabalho só pode ser viável se os funcionários atenderem — e, sempre que possível, excederem — às medidas de produtividade acordadas. O teste testemunhou um aumento nos níveis de motivação.

- Muitos funcionários viram a redução no horário de trabalho como um presente e um privilégio, não um direito. Consequentemente,

OS DADOS

eles sentiram um profundo senso de boa vontade e reciprocidade em relação à organização, que manifestou uma abertura para, conforme disseram, "dar um passo além" e pensaram em "como é possível retribuir". Diversos funcionários relataram boa vontade para ficar disponíveis para trabalhar em dias de folga.

Nem tudo são flores

Embora a grande maioria dos dados qualitativos detalhe os benefícios do teste, alguns participantes compartilharam desafios e frustrações experimentados como consequência do teste da semana de quatro dias. (Tabela 2 do Apêndice fornece uma lista dessas preocupações, com citações exemplificando. Veja página 223.)

Alguns desses temas compartilhados incluíram o relato de alguns indivíduos sobre um **aumento da sensação de estresse e pressão** para concluir as tarefas em um prazo mais curto, especialmente no caso de indivíduos ou equipes que estavam enfrentando cargas maiores de trabalho (devido à época do ano, a uma campanha, a requisitos de relatório, a pessoal reduzido etc.).

Como resultado disso, certas equipes/divisões não conseguiram participar totalmente (ou parcialmente) do teste. Outras se viram trabalhando a mesma quantidade de horas compactadas em menos dias (por exemplo, dez horas de trabalho em quatro dias semanais) em vez da redução nas horas de trabalho pretendida. Gerentes de todos os níveis pareciam achar particularmente difícil reduzir as horas de trabalho; como disse um entrevistado, "o trabalho não para". Alguns participantes se perguntaram se essa dificuldade resultava da necessidade de delegar mais trabalho e/ou mudar hábitos e suposições.

Mais adiante neste livro, observo que um dos maiores obstáculos para a semana de quatro dias foi a atitude dos gerentes. Muitos estavam entre os céticos que não acreditavam que sua carga de trabalho poderia ser manejada sob um modelo de horas reduzidas. Minha resposta foi pedir que os líderes seniores aceitassem o quinto dia de folga e o usassem, assim como os outros funcionários, de forma que liderassem pelo exemplo e demonstrassem o valor que a empresa atribuía ao sucesso da nova política. Houve, apesar disso, uma grande variação nas práticas dos gerentes. Alguns simplesmente trabalhavam em casa no "dia de folga" sem tornar isso visível para suas equipes; outros tentaram genuinamente tirar algumas folgas, mas não toda semana; outros ainda comprimiam as horas de trabalho nos quatro dias disponíveis.

Em algum momento, durante o teste da semana de quatro dias, os gerentes descobriram que conseguiam sistematicamente tirar um dia longe do escritório, mesmo que o usassem para trabalhar um pouco em casa e aproveitar os benefícios de um dia de reflexão.

O próximo capítulo traz um guia com instruções para implementar a semana de quatro dias, e explica como os gerentes podem promover o sucesso em um modelo de horas reduzidas focado na produtividade; como a maioria dos relatos de frustração foi decorrente de problemas na percepção da carga de trabalho e de um aumento da pressão para concluir as tarefas em menos tempo, executivos seniores podem intervir para garantir que as equipes recebam os recursos necessários para que o modelo de flexibilidade seja viável para os que decidem por ele. Da mesma forma, os problemas relatados em alguns trimestres, relacionados a novas habilidades e à inovação, podem ser vistos como uma oportunidade de aprimoramento por líderes que desejam atenuar os riscos dos negócios e convidar funcionários a propor soluções em áreas em que a resolução de problemas e o pensamento criativo são necessários.

Impacto das horas de trabalho reduzidas na vida pessoal

Uma vida melhor fora do trabalho

Os dados mostram uma imagem nítida e consistente das múltiplas formas como o aumento do tempo fora do trabalho melhorou a qualidade de vida dos funcionários. Os dados foram agrupados em cinco tópicos principais, de acordo com o que o tempo adicional possibilitou que os indivíduos fizessem. (Tabela 3 no Apêndice fornece evidências para cada tema. Veja página 226.)

Um tópico que se repetiu em todos os grupos foi que indivíduos tiveram **mais tempo para realizar tarefas em suas vidas pessoais** que antes costumavam ser, como eles as descreveram, "acumuladas", "deixadas de lado" ou "feitas com pressa" no decorrer de seus cronogramas da semana de cinco dias de trabalho.

Outro tópico dominante foi ter **mais tempo para participar da vida familiar.** Isso incluiu figuras parentais e avós trabalhadores que puderam se envolver mais ativamente nas vidas das crianças — compartilhar refeições, participar das atividades da creche/escola, conversar e se conectar com seus filhos, parceiros, e as redes mais amplas de família e amigos.

Muitos funcionários (incluindo gerentes) refletiram sobre seu prazer em ter **mais tempo para recarregar e se reconectar.** Muitos relataram a "pura satisfação" de ter tempo para si entre as várias demandas do ritmo acelerado da vida moderna.

Um grupo menor de funcionários relatou ter tido **mais tempo para aprender e contribuir.** Isso incluiu estudos formais e informais, além de desenvolvimento profissional. Outros dedicaram o tempo adicional ao trabalho voluntário e comunitário.

Alguns funcionários usaram, de propósito, o **tempo adicional para explorar e imaginar.** Isso incluiu procurar novas viagens, atividades de lazer e consumo que normalmente não teriam tempo para se dedicar.

"O que eu faço com meu dia de folga?"

Poucos funcionários relataram dificuldades ou preocupações relacionadas ao impacto do tempo adicional na vida pessoal de um indivíduo. Três participantes destacaram que o tempo livre trouxe questões existenciais em relação à rotina e à segurança que de início poderiam ser desconfortáveis. Nas palavras de um gerente, "como você usa seu tempo quando não tem essa estrutura em torno da semana de trabalho?". Um dos funcionários disse, a respeito de uma colega, que "ela estava ficando um pouco entediada. Ela preferia ir trabalhar e ver pessoas". Outro falou sobre a dificuldade de um colega para "descobrir o que fazer com o dia de folga", e disse que essa pessoa acabou aprendendo a "passar um pouco de tempo consigo mesma, o que é de fato um aprendizado muito importante".

Esse é um dos efeitos mais preocupantes e até deprimentes do teste — isto é, a dificuldade que as pessoas tiveram em se adaptar a ter mais tempo livre. Isso é discutido em outra parte do livro, mas, em suma, é um indicativo dos sérios problemas enfrentados pelos trabalhadores do século XXI, que se habituaram ao constante estímulo da atividade, e muitas vezes se tornaram dependentes dele, mesmo quando essa atividade é improdutiva ou adversa à saúde e ao bem-estar do indivíduo.

EM RESUMO

- Na pesquisa quantitativa, as pontuações de partida das medidas do capital psicológico e da coesão da equipe aumentaram de 4,87 e 4,49 antes do teste (uma pontuação alta em comparação com outros dados da Nova Zelândia) para 5,19 após o teste. Os funcionários relataram que suas equipes cresceram e se fortaleceram ao longo do teste e demonstraram estar mais fortes como consequência.

- Houve um alto nível de prontidão para o teste, e a pontuação de 4,46 após o teste (comparada com a inicial, de 4,26) indicou um forte crescimento na prontidão para mudança e disposição para mudar para o programa da semana de quatro dias.

- As descobertas quantitativas indicaram uma melhoria na percepção do equilíbrio entre o trabalho e a vida pessoal durante o teste. As demandas de trabalho foram significativamente menores após o teste e, psicologicamente, isso deu aos funcionários a liberdade para se concentrarem em suas tarefas nos quatro dias da semana de trabalho. A pontuação inicial, 3,36, estava dentro da faixa usual, embora a pontuação após o teste tenha indicado uma percepção

OS DADOS 111

positiva dos funcionários, que perceberam uma nítida mudança no equilíbrio entre sua vida pessoal e profissional.

- A pontuação inicial de 4,60 para o engajamento em tarefas que ultrapassam a própria função, isto é, em comportamentos prestativos, e de 4,40 para inovação e criatividade, aumentou ainda mais depois do teste, indicando possíveis efeitos no desempenho do trabalho ao nível da equipe.

- As médias de engajamento aumentaram entre 30% e 40%, para o maior nível que os pesquisadores já tinham testemunhado na Nova Zelândia.

- As pontuações posteriores ao teste indicaram uma evolução sólida nas médias de bem-estar e uma redução no estresse pelo trabalho.

- A expectativa antes do teste era de que os supervisores não veriam um aumento no desempenho ao longo dos quatro dias de trabalho, porque na verdade os funcionários estariam trabalhando menos dias para cumprir a mesma quantidade de tarefas. Se conseguissem manter a *mesma* pontuação (isto é, não perder produtividade), isso seria muito positivo. Na verdade, o resultado foi de que não houve mudança no desempenho do trabalho, dando credibilidade à ideia de que os funcionários conseguiram gerenciar suas tarefas com sucesso e eficiência ao longo do teste da semana de quatro dias.

- A análise qualitativa constatou que os funcionários estavam mais engajados intelectualmente em seu trabalho, encontravam maneiras de trabalhar de forma mais produtiva e eficiente, e relatou um aumento nos níveis de colaboração e de trabalho em equipe, sentiam-se mais desafiados e estimulados por seu trabalho enquanto se qualificavam e treinavam para cobrir os colegas e se comprometiam coletivamente para o objetivo do teste. Muitos colegas sentiram uma evolução no senso de boa vontade e reciprocidade em relação à organização, e descreveram o desejo de estar disponíveis para propósitos de trabalho no dia de folga.

- Alguns funcionários acreditavam que o teste tornou o conjunto da organização mais resiliente quando confrontado com acontecimentos inesperados, como a ausência de uma pessoa chave ou um evento climático extremo.

- Para alguns funcionários, houve um aumento da sensação de estresse e pressão para concluir as tarefas de trabalho em menor prazo. Gerentes de todos os níveis pareceram achar particularmente difícil reduzir suas horas de trabalho, e alguns participantes se perguntaram se essa dificuldade poderia ser um resultado da necessidade de delegar mais trabalho e/ou mudar hábitos e pressupostos. A maioria dos funcionários disse que poderia lidar melhor com sua carga de trabalho em quatro dias, não cinco.

- Fora do local de trabalho, um tópico consistente foi que os indivíduos tinham mais tempo para cumprir tarefas em suas vidas pessoais, para participar da vida familiar, recarregar e reconectar, aprender e contribuir, explorar e imaginar.

O LUCRO COMO OBJETIVO

Todo membro competente do conselho sabe que as medidas mais cruciais de seu desempenho, pelo menos em épocas econômicas convencionais, são a produtividade e a rentabilidade da empresa que dirige. Da minha parte, tenho certeza de que a promessa da semana de quatro dias deve ir além do parâmetro do envolvimento dos funcionários; a satisfação no trabalho e o bem-estar estão para ser reconhecidos como o modelo do futuro do trabalho. Precisamos provar que os resultados das empresas serão aprimorados por um modelo de horas reduzidas com enfoque na produtividade.

Foi o caso da Perpetual Guardian. Eu era o único acionista quando a empresa foi fundada, e continuei sendo o único por muitos anos depois disso, mas em 2018, quando testamos e implementamos a semana de quatro dias, a empresa tinha outro acionista. Se não

OS DADOS

tivéssemos sido capazes de provar que a semana de quatro dias tornaria o negócio mais eficiente *e* mais rentável, essa não teria sido uma proposta viável. O que descobrimos foi que uma quantidade relativamente modesta de despesas adicionais requisitadas para atender as necessidades dos clientes de nossas filiais com equipes menores foi compensada pelas muitas economias feitas por quase todos os funcionários, que identificaram hábitos que os faziam perder tempo e podiam ser eliminados.

A máxima de que tempo é dinheiro é mais verdadeira do que nunca para uma empresa baseada em serviços como a nossa, e o foco puro na produtividade, respaldado pela perspicácia de dispensar quase todas as práticas empresariais que minam a produção individual — como o excesso de reuniões, interrupções e processos desnecessários no trabalho —, leva diretamente a um aumento na lucratividade.

Nossa lucratividade geral aumentou durante a fase de teste, e desde então vimos a receita e a lucratividade da empresa aumentarem entre 6% e 12,5%, respectivamente. Tais aprimoramentos demonstram que a implementação da política do programa de produtividade da semana de quatro dias não teve nenhum impacto adverso no desempenho do negócio, e provam que a produtividade aumentou. E, embora o aumento da receita (que, no nosso negócio, está amplamente relacionada a fatores externos, como mercados e demografia) tenha sido relativamente modesto, a rentabilidade por funcionários — uma medida da produtividade geral — aumentou em 14,5%.

Um benefício adicional para os negócios tem sido o progresso material no reconhecimento da marca. Nossa pesquisa indicou que a visibilidade da marca aumentou em mais de 30%, e nosso perfil como marca líder e confiável cresceu 48% e 37%, respectivamente. Nossa quota de veiculação na mídia foi, em média, 80% maior em relação aos nossos concorrentes no mercado doméstico.

Mas não leve apenas a minha palavra em conta. Uma pesquisa de 2019 com 250 empresas do Reino Unido operando no modelo da semana de quatro dias calculou que as empresas participantes já haviam feito uma economia anual estimada em 92 bilhões de libras.[80] O artigo técnico da Henley Business School, da University of Reading, descobriu que "uma semana de trabalho menor (com pagamento integral) pode melhorar os resultados das empresas ao aumentar a produtividade da equipe e elevar sua saúde física e mental", além de outros benefícios.

Não precisamos nos debruçar sobre os relatórios de lucros e prejuízos dessas empresas para identificar de onde vem o aumento da lucratividade. Se os funcionários são mais produtivos, como confirmam dois terços das empresas, e em geral mais saudáveis (62% das empresas relataram menos licenças médicas), então a lucratividade deverá aumentar. De forma bem simples, os funcionários desses negócios estão se empenhando em atividades mais úteis e custando menos às empresas em horas de trabalho perdidas e absenteísmo. As empresas também estão em posição de investir nos ativos necessários para obter lucros futuros, com 63% dos empregadores relatando que a semana de quatro dias os ajudou a atrair e reter talentos.

Os autores do artigo da Henley foram inequívocos quanto às brilhantes perspectivas do modelo como fator causal do sucesso nos negócios: "a tendência da semana de quatro dias não mostra sinais de desaceleração. Mais de um terço dos líderes empresariais pesquisados (34%) e quase a metade (46%) dos que trabalhavam em grandes empresas disseram que fazer a mudança para a semana de quatro dias de trabalho será importante para o sucesso futuro de empresas, sendo provável que vejamos mais testes e implementações nos próximos anos".[81]

Um desses testes foi a motivação para um relatório de pesquisa liderado pela agência londrina de pesquisa de mercado The Mix. O relatório, elaborado pela empresa Strategy of Mind, contou a experiência da própria The Mix com a semana de quatro dias. De outubro de 2017 a outubro de 2018, a companhia remodelou sua semana de trabalho e pediu que a equipe trabalhasse de segunda a quinta e tirasse as sextas-feiras de folga — com pagamento integral.

OS DADOS 115

(A diferença entre esse modelo e o da Perpetual Guardian foi que a The Mix não pretendia manter um cronograma típico de cinco dias por semana em termos de disponibilidade para os clientes, o que é geralmente esperado de empresas que oferecem serviços profissionais.)

Depois de um ano no modelo da semana de quatro dias, a receita da The Mix aumentou 57%, o número de clientes dobrou e as indicações dos clientes cresceram em 50%, e, embora não tenha aumentado a produtividade (medida pela lucratividade geral da agência), também não houve declínio, apesar da redução de um dia inteiro por semana nas horas de trabalho. O absenteísmo e as licenças médicas diminuíram em 75% na equipe.

Se as circunstâncias são as mesmas, eu esperaria ver receitas, clientes e uma equipe com níveis de atendimento dessa magnitude acabassem por se traduzir em maior lucratividade, principalmente se a empresa puder continuar encontrando formas de aprimorar o foco na produtividade e em atividades faturáveis. Como os autores do relatório disseram: "Existe um forte argumento para reduzir o tempo de trabalho pago para todos os trabalhadores, de modo que a semana de quatro dias se tornará o novo 'normal'".[82]

FALHAR É UMA OPÇÃO (E TAMBÉM UMA NECESSIDADE)

Os resultados do teste excederam nossas expectativas, e quaisquer previsões, por uma margem considerável. O teste foi valioso na medida em que capacitou nossa equipe e nos deu uma régua com que medir a produção de cada cargo e equipe, e porque forneceu um conjunto útil de evidências quantitativas, juntamente com o feedback sincero de dezenas de funcionários, para apresentar ao conselho como parte da defesa de uma semana de trabalho com horas reduzidas, focada na produtividade, a longo prazo.

De todas as formas possíveis, nosso teste funcionou lindamente, mas não foi um sucesso absoluto. O teste nos ensinou que não podemos falar da semana de quatro dias como um novo conceito de trabalho a menos que possamos admitir a possibilidade de falha — e se há algo que a maioria dos fundadores de empresa e chefes tem em comum é o horror a qualquer tipo de fracasso. De um modo geral, o que a maioria dos CEOs faz diariamente não tem a ver com mudanças de paradigma, e sim com atividades mais prosaicas, e muito da motivação deles, especialmente se seu trabalho está em jogo, tem a ver com não estragar tudo.

Esse medo — "o que isso nos custaria se desse errado?" — é, provavelmente, o maior obstáculo da semana de quatro dias. É, também, um patrimônio. Qualquer liderança empresarial com uma intenção séria de reinventar as práticas de trabalho em sua esfera ao introduzir uma política de flexibilidade deve aceitar, em primeiro lugar, que falhar é uma opção, e até mesmo uma ferramenta de progresso.

Vou dar um exemplo do nosso teste. Depois que fizemos o anúncio para toda a empresa, nossas equipes tiveram cerca de um mês para formular estratégias de como poderiam alcançar seus resultados costumeiros apesar da inserção de uma folga semanal para cada um dos funcionários. Os obstáculos que poderiam impedir o sucesso foram abordados antes e durante o teste, principalmente entre as equipes e, ocasionalmente, em um nível mais alto de gerenciamento.

Descrevo o teste como um sucesso "qualificado" porque ele incluía uma falha notável, que se mostrou altamente instrutiva. Aconteceu em uma área da empresa composta por cerca de doze pessoas que tinham ingressado no grupo da Perpetual Guardian por meio de aquisição, mas nunca tinham se tornado completamente integradas à companhia. Essa equipe estava baseada em um local separado, liderada por um fundador que manteve um papel de liderança proeminente no negócio. Um gerente geral havia sido nomeado para assumir a posição do fundador e integrar a empresa

OS DADOS

ao grupo, mas o processo ainda estava no início, e já havia dúvidas sobre o desempenho desse gerente.

Por que a semana de quatro dias falhou nessa equipe? Os funcionários descobriram que eram incapazes de atender aos padrões de serviço esperado por seus clientes e, com metade da equipe ausente na sexta-feira e a outra metade ausente na segunda-feira, a produtividade não se manteve. Não houve mudanças aparentes na forma de se comportar em relação ao trabalho nos outros quatro dias para compensar o dia de folga tirado por cada membro. Em resumo, foi o resultado oposto ao que eu pretendia para a semana de quatro dias.

Por outro lado, o restante de nossa equipe, já incorporado à nossa cultura e *ethos* desde a fundação do Perpetual Guardian quatro anos antes, entendeu de imediato que não se tratava de um fim de semana prolongado para todos. Eles sabiam que precisariam ser criativos e encontrar maneiras de se comprometer. Seus gerentes estavam garantindo que todos soubessem que não era um simples caso de escolher quem tiraria a sexta ou a segunda-feira de folga, e que manter os níveis de serviço ao cliente era primordial. Se o plano de uma equipe arriscasse a ótima experiência de qualquer dos clientes como resultado da semana de quatro dias, eles teriam que mudar o plano.

A equipe que falhou ainda não tinha adotado esse *ethos*, esse conjunto de costumes e máximas éticas, e lhes faltava um gerente que direcionasse seus membros para longe do apelo e da conveniência dos fins de semana prolongados para todos. Com base em nossa análise, simplesmente houve uma falta de premeditação e planejamento, e uma falha em colaborar enquanto uma equipe para ver como eles poderiam focar o teste de oito semanas no duplo objetivo de produtividade e satisfação do cliente. Outros funcionários sabiam que pegar atalhos nunca seria apropriado. Foi um grande fracasso, que atribuí à cultura e à liderança.

Essa é uma prova de que o ônus deve ser atribuído igualmente entre gestores e funcionários. Ambos os grupos são responsáveis por honrar as obrigações da semana de quatro dias. Se a equipe estiver com baixo desempenho e o empregador/gestor tolera repetidos déficits de produtividade sem revogar o privilégio da semana de quatro dias de uma equipe que não cumpriu suas metas, outras equipes — à luz da falta de sanção — também renegarão os termos de desempenho acordados, e os benefícios da política da semana de quatro dias serão perdidos.

Não é incomum que iniciativas promissoras no trabalho se percam devido à falta de consistência na liderança. Às vezes, os gerentes não estão comprometidos o suficiente, ou são facilmente distraídos e mudam de rumo ou perdem confiança. Em outras ocasiões, os custos e benefícios da iniciativa não são compreendidos em sua completude pelos gerentes de nível médio e sênior, que não recebem um incentivo nítido para investir na política e vendê-la para suas equipes. Qualquer política de flexibilidade só pode ser eficaz com trabalho contínuo e atenção a áreas de vulnerabilidade e, como acontece com tantas coisas na vida, é mais fácil voltar aos velhos hábitos do que persistir em desafiar o status quo.

Uma vez que a gerência estiver dedicada, os trabalhadores precisam fazer a sua parte, reconhecendo o "privilégio" da política e aderindo às suas condições e princípios. A cultura formada ao redor da política de flexibilidade deve incluir uma compreensão compartilhada de que cabe aos integrantes da equipe chamar a atenção dos colegas que estão abusando do processo, e a mútua dedicação à constante revisão das práticas de trabalho para evitar a regressão a maus hábitos improdutivos.

Qualquer teste ou política de flexibilidade deveria ser firmado a partir da compreensão ampla, por toda a empresa, de que a falha no cumprimento das metas de produtividade e a subsequente omissão em remediá-lo resultará na remoção da semana de quatro dias e na reversão para cinco dias semanais. Nesse ponto, independentemente dos motivos do problema, o empreendimento se torna novamente um desafio compartilhado e uma oportunidade para que a gerência e os funcionários abram caminho para restabelecer a semana

OS DADOS

de quatro dias o mais depressa possível. Fracassos prolongados podem ser sinal de que foram estabelecidas metas irreais ou de que os gestores estão abdicando do compromisso.

Com as lições do fracasso e esforços redobrados, há uma promessa realista de sucesso — e, é importante destacar, o fracasso da política de flexibilidade não significa seu fim. Na verdade, é uma prova de sua sobrevivência, sinal nítido de que é uma política viável e está sendo levada a sério por todos os agentes. A falha, seguida por uma restituição, representa uma reafirmação da política e mantém sua saúde e relevância.

CAPÍTULO SEIS
Implementação

PREPARE O SOLO

Nos negócios e na vida, às vezes você precisa tomar impulso. Em sua essência, a semana de quatro dias é um pacto entre proprietário, líderes e funcionários de uma empresa. Preparar-se adequadamente para implementar a semana de quatro dias em sua organização ajudará todos os envolvidos a honrar o acordo, tirar o melhor proveito do novo modo de trabalho e torná-lo um programa viável de longo prazo para a empresa.

Primeiro, construa confiança

A semana de quatro dias é um processo liderado por funcionários cujo ingrediente secreto é a confiança. Anos atrás, em um difícil cargo de liderança no Citibank, na Austrália, descobri que uma boa forma de obter o melhor de outras pessoas é tratá-las como iguais. Isso é importante porque ninguém tem o monopólio das boas ideias, e uma equipe muitas vezes conhece os meandros do negócio — e certamente seus processos — melhor do que seus líderes. Antes disso, na minha época na Marinha Real, eu já tinha aprendido outra lição valiosa: nunca peça a alguém para fazer algo que você mesmo não faria. Tudo isso entrou em jogo durante o teste.

A SEMANA DE QUATRO DIAS

As condições que possibilitaram o teste não se criaram da noite para o dia. Antes que eu fosse proprietário das duas empresas que se tornaram o Perpetual Guardian, os funcionários dessas empresas passaram por mudanças prolongadas e tumultuadas, e havia um certo grau de insegurança. Nos quatro anos que antecederam o teste, modificamos a cultura gradualmente por meio de atividades, como um programa de renovação dos setores que, embora tenha significado algumas mudanças de RH, era um sinal tangível de que estávamos investindo no negócio e não apenas nos permitindo uma reestruturação. As pessoas podiam ver que qualquer instabilidade temporária estava a serviço de algo muito melhor.

Quando anunciamos o teste, eu já havia provado diversas vezes aos nossos funcionários que eles podiam confiar em mim e acreditar no que eu lhes dizia. Eles sabiam que eu não tinha um estilo autoritário, e quando falei que desejava que eles levassem adiante o programa e contassem a seus gerentes o que quer que achassem pertinente, fui sincero, e eles estavam seguros para dizer o que fosse necessário.

A equipe também foi assegurada de que não havia negacionistas ocultos ou avestruzes (falarei mais a respeito posteriormente) na equipe de liderança. Todos se comprometeram com base na minha insistência de que nossa estratégia funcionaria se todos dessem seu melhor.

A confiança é a essência de uma boa cultura, e qualquer líder que considere implementar a semana de quatro dias deve ser honesto ao se questionar se sua cultura está pronta. Os funcionários confiam em seus superiores para apoiá-los quando fazem sugestões sobre como a empresa poderia funcionar melhor? Os gerentes sêniores e o CEO são conhecidos por manter a palavra e cultivar um ambiente favorável? Sem confiança, o equilíbrio na equipe entre apoiadores/adotantes e cínicos/detratores vai recair para os últimos, provavelmente com consequências desastrosas para a política.

Nenhuma empresa é perfeita, mas uma semana de quatro dias não funcionará como paliativo para problemas graves na cultura ou nas operações da companhia, e uma tentativa fracassada provavelmente vai piorar o moral. Em uma cultura sem confiança e comunicação aberta, até um dirigente com a melhor das intenções pode ser mal interpretado, com suspeitas da equipe de que tudo seja uma artimanha para piorar as condições de trabalho. Da mesma forma, se os funcionários não participarem do teste de boa vontade, após assumirem um compromisso pessoal de mudar seu comportamento no trabalho, não haverá melhoria na produtividade e a semana de quatro dias fracassará.

Não pense demais

Comece com os princípios fundamentais da semana de quatro dias, cristalizados pela regra 100-80-100 (100% do salário, 80% da carga horária, mas fornecendo 100% da produtividade acordada). As pessoas só precisam trabalhar por quatro dias, desde que atendam às metas de produtividade acordada com seus gerentes. Todos trabalham a carga horária usual diária e recebem o salário habitual. A importância para os empregadores é que eles estão pagando por um certo nível de produtividade — portanto, em teoria, se determinado empregado consegue terminar o trabalho e tirar um dia por semana de folga, tanto ele quanto seu chefe devem estar satisfeitos com o arranjo.

É uma abordagem do "toma lá, dá cá". Os funcionários permanecem contratualmente obrigados a trabalhar cinco dias, pelo menos até que a legislação trabalhista inclua a flexibilidade no trabalho, um ponto de discórdia que discutirei mais adiante neste livro. Nesse contexto, o dia de folga é um presente. Não há retrocesso. Se a produtividade cair em relação ao acordado, sem razão aceitável, o privilégio é retirado e o modelo de cinco dias de trabalho por semana é reinstaurado.

Todos os funcionários, em todos os níveis, são elegíveis para a política de produtividade (ou de flexibilidade), incluindo a maioria dos gerentes sêniores. Isso envia um sinal importante para toda a organização: não existem custos ou resultados negativos — como perda de progressão na carreira, remuneração ou responsabilidades — ao se usar esta política.

Da mesma forma, quando a semana de quatro dias está em pauta, qualquer pessoa deve ter o direito de recusar essa ideia e propor uma política de flexibilidade personalizada para melhor atender às circunstâncias, como uma semana de cinco dias com horas reduzidas. Lembre-se: o objetivo é a produtividade e, dentro desse quadro, muitas coisas são possíveis. Não existe uma meta perfeita ou um caminho certo para chegar lá.

Como identificamos, é muito fácil considerar uma mudança na política da empresa com potencial para reconstruir muitos aspectos de sua cultura e operações, e pensar demais — reconstruir mentalmente todos os ângulos em uma tentativa de identificar problemas no planejamento e prevenir erros. Posso tranquilizá-lo agora: você vai cometer erros. Se começar com um teste ou mergulhar direto em uma política de produtividade, você vai descobrir aspectos de suas operações — indivíduos e talvez até mesmo equipes inteiras — que estão longe de trabalhar tão bem quanto você pensava. É provável que você encontre sinais de desperdício de tempo e improdutividade em algumas áreas. Nada disso é razão para não prosseguir — na verdade, é justamente o oposto.

Duas empresas com as quais me encontrei conforme planejavam a migração para a semana de quatro dias foram instrutivas. Para meu horror, a primeira empresa, depois de analisar todas as variáveis possíveis e tentar conceber cada possível armadilha e solução correspondente, considerou a sexta-feira como o dia menos produtivo. Nesse sentido, propôs uma política com estrutura predeterminada com finais de semana de três dias, que seria testada durante um período de seis meses.

Fiquei alarmado com essa abordagem porque ela violava completamente nossa filosofia e nossos conselhos, que tinham sido

IMPLEMENTAÇÃO

perguntar aos funcionários como eles estruturariam a política e o teste. Além disso, nossa experiência sugeria que um dia fixo de folga toda semana não funcionava em termos de atendimento ao cliente e de manutenção dos padrões de serviço. A semana de quatro dias, explicitamente, não foi projetada para dar a cada funcionário um fim de semana prolongado, a menos que se possa conquistar isso sem comprometer a produtividade, a rentabilidade ou as necessidades dos clientes. Ao sair daquela reunião, meu instinto foi que eles não dariam sequência à política.

Algumas semanas depois, soubemos que, por se sentirem tão pouco confiantes em relação à sua capacidade de convencer a gerência e o conselho a implementar a política, ela foi abandonada. Com efeito, eles mesmos se convenceram que a semana de quatro dias não era para eles.

No mesmo dia, fui me encontrar com outra empresa. Ao receber meu conselho de entregar o desafio à equipe e apenas tentar, eles anteciparam a data do teste. Entendera quem, ao menos de início, a maior parte dos benefícios na produtividade na fase do teste viria de mudanças comportamentais, em vez de diferenças nas políticas ou nos processos. Eles também entenderam que a semana de quatro dias é um processo conduzido pelos trabalhadores, não pelos gerentes — de baixo para cima, e não de cima para baixo. A capacidade de não pensar demais foi um alívio para os gerentes encarregados de projetar e implementar o teste.

A maioria dos CEOs se considera bons solucionadores de problemas, e muitos atribuiriam sua ascensão profissional à habilidade de apagar incêndios corporativos metafóricos, pelo menos em parte. Ao se deparar com a perspectiva de introduzir uma semana de quatro dias, eles têm uma forte tendência para avaliar riscos, identificar problemas e projetar soluções. Sua abordagem em geral se baseia em evidências, então — em teoria — a equipe de gerenciamento precisa estar apoiada sobre um plano abrangente para alcançar o sucesso.

O que poderia dar errado? Com essa abordagem — quase tudo.

Em todo esse planejamento, essa verificação das condições ambientais e análise das pesquisas, os CEOs se esquecem de perguntar aos seus funcionários como a política pode funcionar. Afinal, por que deveriam? Eles são ótimos em resolver problemas! No entanto, para que o modelo 100-80-100 seja implementado com eficácia, os funcionários devem dominar a política. São os próprios funcionários que devem citar as barreiras ao sucesso e encontrar formas de derrubá-las. Eles não devem ser atropelados pelos gerentes sêniores, que pensam que sabem tudo.

Faça um teste. Ou não

Consulte a seção anterior. Em algum momento, você precisa parar de ruminar e dar um passo além. Se estiver lendo isso como líder corporativo, já deve ter uma boa noção da cultura da sua empresa, seus pontos fortes e fracos. O que talvez você não saiba tão bem é o que todos os seus funcionários consideram como possibilidades dentro da empresa.

Se você nunca convidou seus funcionários para apresentar suas ideias em relação a como a empresa pode melhorar ou evoluir, ou se há muito tempo não pergunta como eles podem tornar seus dias de trabalho mais eficientes, ou não os consulta em relação a como se sentem em relação a suas responsabilidades, se estão ou não equilibradas com as de seus colegas ou membros da equipe, uma ótima maneira de conseguir essa informação é fazer um teste. É um espaço seguro para que todos apresentem as partes boas e ruins do funcionamento da empresa, e o que pode ser melhorado na empresa e em seu pessoal. Você tem a garantia de que vai abrir a caixa de pandora de práticas e problemas que, se bem-administrados, podem ser benéficos para a organização, sem que sua equipe se preocupe em se tornar desnecessário.

Na Perpetual Guardian, concebemos a ideia do teste e prontamente fizemos o anúncio aos funcionários, acompanhado por um memorando em que estabelecemos os objetivos:

> Realizar em toda a empresa o teste da semana de quatro dias de trabalho (em oposição a uma semana de cinco dias), de forma que todos os funcionários recebam o "quinto dia" de cada semana como um dia de folga pago, a fim de:
>
> - Gerar uma discussão capacitada, engajada e liderada por funcionários e focar nas respectivas equipes e na produtividade individual; e
>
> - Entender se o aumento da flexibilidade no trabalho e a oportunidade de passar mais tempo de qualidade com a família e se dedicar a interesses pessoais são valorizados a ponto de não apenas aumentar o envolvimento geral da equipe, mas também, especificamente, de resultar em maior produtividade.

Observe o que fizemos: assim que anunciamos o teste, os funcionários compreenderam seu papel nele. Esperava-se que contribuíssem com ideias e esforço e que o considerassem um teste de produtividade. O teste estava intimamente associado à flexibilidade do trabalho e à oportunidade de ter mais tempo para a vida pessoal, mas, sem o fator da produtividade, os benefícios se perderiam.

Não quero dizer com isso que um teste é uma parte obrigatória da introdução da política da semana de quatro dias, ou de qualquer outra política de flexibilidade, em uma empresa. O conjunto específico de condições que nossa empresa enfrentou no momento do teste, no início de 2018, era corriqueiro, mas não onipresente. Haverá líderes empresariais que terão uma melhor compreensão da produtividade individual e conjunta em relação ao que tínhamos na época. Haverá empresas com menor número de funcionários e localização única (temos mais de uma dúzia de agências), que podem achar mais fácil fazer consultas internas, projetar e implementar uma política de flexibilidade do que passar por um teste — mas é preciso ter cuidado. Conforme identificamos, o teste representa um

Aceite que o tempo é um recurso escasso

Com poucas exceções, no topo da árvore de negócios, os aplausos e os maiores valores estão reservados para líderes que se concentram, muitas vezes à custa de todo o resto, em aumentar a lucratividade e a produtividade de suas empresas.

Na maioria das vezes, consultores especializados são contratados para projetar essas melhorias, e cortar custos e pessoal é uma tática comum. O líder empresarial que segue o conselho de reduzir o número de funcionários está tratando o dinheiro como um recurso escasso — e, para protegê-lo, as despesas devem ser reduzidas. A vantagem disso é que o caminho para aumentar a lucratividade é comum e bastante reconhecido, e representa uma estratégia de baixo risco para a administração.

Essa abordagem não é necessariamente projetada para aumentar os níveis gerais de produtividade da empresa, e é possível que a força de trabalho remanescente esteja se sentindo coagida pela recente redução numérica da equipe. Isso pode não ser imediatamente prejudicial na produtividade individual, afinal, que empresa é, de fato, 100% produtiva todo o tempo, com trabalhadores oferecendo produtividade máxima a cada hora em que estão no ambiente de trabalho? Embora esses cortes de custos tradicionais ou metodologias de melhoria de processos possam de fato aumentar o lucro e a produtividade, essas conquistas costumam vir à custa do moral da força de trabalho e, a longo prazo, não abordam as barreiras subjacentes à produtividade entre os próprios funcionários.

Ao se permitir os custos adicionais de contratar os consultores e fazer a reestruturação, o efeito sobre a empresa é similar ao de um café expresso duplo ou de uma barra de chocolate em uma pessoa cansada — um pico de energia seguido do retorno ao estado anterior.

IMPLEMENTAÇÃO 129

CEOs e conselhos que ainda usam essa abordagem estão presos no século passado, junto com a semana de cinco dias. Dedicam-se a um estilo de melhoria empresarial de cima para baixo, e qualquer consulta com a equipe — como quando as demissões estão a caminho — é motivada por uma mistura de afirmações retóricas e obrigação legal.

A política de produtividade da semana de quatro dias é uma abordagem absolutamente oposta a essa, pois transforma o *tempo* no recurso escasso ao apresentar o desafio, à força de trabalho existente, de fornecer sua produtividade atual em quatro dias em vez de cinco. Os funcionários não são ameaçados de demissão, mas são apresentados à oportunidade de aumentar a produtividade e reduzir custos operacionais, encontrando e direcionando em seu próprio comportamento quaisquer barreiras à produtividade. São encorajados a apontar qualquer coisa que possa estar absorvendo indevidamente seu tempo precioso e impedindo que alcancem suas metas de produtividade e aproveitem a semana de quatro dias.

Considerados um a um, esses pequenos obstáculos teriam poucas chances de atrair um consultor em gestão, mas, quando identificados e corrigidos, têm um efeito cumulativo importante.

O modelo que se concentra no tempo também reconhece que até as pessoas mais produtivas não trabalham 100% de sua capacidade. O primeiro objetivo da política é aumentar o percentual de produtividade do dia de trabalho ao incentivar os empregados a mudarem seus próprios comportamentos, reduzindo o tempo que dedicam a atividades improdutivas ou que fogem ao trabalho, desde o uso das mídias sociais até as reuniões prolongadas. Conforme discuto abaixo, há evidências de que uma relação de produtividade/intervalo ideal para o cérebro humano são 52 minutos para 17, o que deixa bastante tempo no dia de trabalho para questões pessoais sem ameaçar os objetivos de produtividade.

De forma decisiva, ao tornar o tempo o recurso escasso, os funcionários também identificam barreiras à produtividade trazidas pelo processo — coisas que poderiam tornar mais difícil alcançar as metas de produção e impactar negativamente sua experiência com a semana de quatro dias.

Em determinada empresa, esse exercício coletivo de autorreflexão pode alcançar, se não toda, mas a maior parte da melhoria da produtividade necessária para tornar a semana de quatro dias um sucesso. Ao mesmo tempo, garante que sejam estabelecidas medidas de produtividade para todas as funções, o que oferece um benefício considerável para futuras operações.

A confiança é um fator importante aqui. Ao receber liberdade da administração para encontrar soluções para quaisquer obstáculos em relação a como a empresa funciona, os funcionários devem se sentir seguros para divulgar como fazer as atividades com mais eficiência. Com a semana de quatro dias, eles não precisam temer que corrigir seus métodos torne algum cargo desnecessário; em vez disso, eles estão ajudando a assegurar a recompensa prometida de ficar 80% do tempo no escritório.

Faça seu dever de casa

Antes que começássemos nosso teste da semana de quatro dias, tomamos uma boa decisão: começamos uma pesquisa independente para demonstrar a validade do exercício. Isso significava que, mesmo que tudo desmoronasse, emergiríamos da experiência com uma melhor compreensão de nossa empresa, sua cultura e produtividade. Mais do que qualquer coisa, precisávamos, a partir do teste, gerar dados que satisfizessem nossos diretores independentes e os representantes de nossos parceiros de capital privado demonstrando que a política tivera benefícios quantificáveis.

Se cometêssemos um erro no processo, começava com apenas um programa reduzido de pesquisas com os funcionários do ano anterior ao anúncio do teste, de modo que a observação do humor no ambiente de trabalho, a satisfação da equipe e outros parâmetros não eram tão abrangentes quanto eu gostaria. Isso restringiu a visão do antes e depois da empresa para um conjunto bastante restrito de dados vinculados ao engajamento da equipe. No momento em que esses dados estavam sendo coletados, é lógico, a semana de quatro dias ainda não havia sido concebida.

Em retrospecto, agravamos a contravenção ao finalizar o escopo da pesquisa somente depois de anunciar o teste, e como consequência nossas pontuações básicas foram um pouco distorcidas pelo clima positivo que dominou a empresa na sequência do anúncio. Teríamos acumulado um histórico de dados mais preciso se tivéssemos iniciado a pesquisa completa com antecedência, e estabelecido um ponto base antes de começar a discutir o teste. O resultado não foi desastroso — a falta de escopo anterior significa apenas que nossos resultados provavelmente subestimam o impacto positivo do teste no moral da empresa e no engajamento dos funcionários.

A principal lição deste caso é garantir que você realize pesquisas abrangentes com sua equipe *antes* de anunciar o teste, e que seja objetivo quanto às variáveis-chave que precisará usar para provar o seu sucesso à gerência, aos diretores e a outras partes interessadas. Essas variáveis poderão ser avaliadas durante o teste e também posteriormente — e avanços precisos poderão ser registrados e relatados.

Como analisamos no capítulo anterior, decidimos previamente executar duas linhas de pesquisa ao longo do teste. Assim que ficou evidente a existência de um interesse externo considerável em relação ao estudo, nos comprometemos a disponibilizar a pesquisa a terceiros para informar os responsáveis pelas tomadas de decisão de outros empregadores e encorajar o debate sobre os méritos da semana de quatro dias para a força de trabalho global moderna.

Mesmo que você opte por não executar um teste, na minha opinião, para que a semana de quatro dias ou qualquer outra política de flexibilidade seja introduzida com sucesso, é preciso que a pesquisa independente seja parte integrante do programa. Você vai descobrir, como nós, que acadêmicos trabalhando em áreas como sociologia, negócios e gestão estarão ansiosos para avaliar em tempo real os efeitos de um experimento de larga escala, baseado em produtividade e engajamento sobre a rotina dos trabalhadores.

132 A SEMANA DE QUATRO DIAS

Você também verá o conceito ser debatido calorosamente, ainda que de maneira controversa, e é bem provável que haja forte resistência da parte de alguns diretores e membros da sua equipe de gerenciamento. Mas os fatos falam por si, e foi difícil para os céticos entre nossos líderes rejeitar ou refutar as conclusões esmagadoramente positivas da pesquisa — em especial quando combinadas com uma taxa de produtividade consistente com os resultados anteriores ao teste.

Consulte seus advogados

Buscamos aconselhamento jurídico antes do teste e outra vez antes de optar pela implementação da semana de quatro dias. Em nosso memorando pré-teste para os funcionários, explicamos:

> Procuramos aconselhamento de nossos advogados trabalhistas. Em resumo, ao realizar o teste da semana de quatro dias, nós não estamos mudando os termos e condições trabalhistas sob a lei Employment Relations Act (2000) ou a Holidays Act (2003). É importante observar que o teste da semana de quatro dias é exatamente isto: um teste. Voltaremos às semanas normais de trabalho (conforme a contratação) depois do fim do teste.

Uma vez que o que estávamos propondo nunca havia sido feito dentro do quadro legislativo da Nova Zelândia, precisávamos ter certeza de que podíamos oferecer a semana de quatro dias, ainda que temporariamente, dentro da lei. De forma bastante compreensível, nossos funcionários desejavam saber que, ao participar do teste, não estariam renunciando a seus direitos e benefícios sem ter consciência disso.

Pudemos oferecer a semana de quatro dias ao tratar o dia de folga como um "presente" em troca da produtividade acordada com o funcionário, que acumularia férias anuais e outros direitos

IMPLEMENTAÇÃO

normalmente, porque, além da redução de 40 para 32 horas semanais, não houve nenhuma mudança em seus termos de trabalho. Foi uma medida que nos permitiu prosseguir, mas é insatisfatória a longo prazo, em especial quando outras empresas seguem nosso exemplo. Vamos explorar essa questão como um dos obstáculos para a semana de quatro dias no Capítulo Nove.

Embora a empolgação em torno da semana de quatro dias esteja aumentando, o nosso modelo, da forma como foi concebido, ainda é raro na prática e, como a lei trabalhista é amplamente variável entre as jurisdições, encorajo fortemente todos os líderes empresariais que estejam considerando uma política de flexibilidade a buscar uma opinião legal sobre a solução proposta a fim de evitar consequências inesperadas.

PARTA PARA A BRIGA

As regras para executar um teste eficaz e uma política de produtividade são surpreendentemente simples. Crie as condições para que sua equipe faça o melhor possível — mas entenda que nem todos responderão a essas condições da mesma maneira.

Não perturbe

A fim de aumentar a produtividade, é preciso diminuir as interrupções. Esse é um problema central em muitos ambientes de trabalho cheios, barulhentos e conectados. No Capítulo Dez, discutirei o problema do escritório em conceito aberto.

Para compreender como o ambiente afeta a produtividade, pense nela como se fosse uma conta bancária: uma boa noite de sono é um depósito; assim como uma caminhada vigorosa ao sol, uma xícara de café preparada por um barista especializado e um escritório arejado e confortável, com muita luz natural. O que esgota a conta e diminui a produtividade dos trabalhadores? Qualquer coisa que constitua uma interrupção, desde chamadas telefônicas e mensagens de texto, até alertas de e-mail e conversas presenciais não programadas com colegas.

Nesse sentido, pode ser um pequeno milagre alcançar altos índices de produtividade em um dia de trabalho regular. Uma pesquisa on-line de 2018 com centenas de usuários do RescueTime, uma empresa de software de gerenciamento de tempo, constatou que quase 52% dos entrevistados eram interrompidos com frequência enquanto trabalhavam, e 64% deles relataram que sua interrupção mais comum — e que distrai mais — é do tipo presencial, por exemplo, um colega de trabalho que para em sua mesa.[83]

Conforme a pesquisa também identificou, essas interrupções diretas são também as mais difíceis de ignorar. Quando um colega está na sua frente fazendo uma pergunta, recusar-se a responder é um ato de hostilidade que pode levar a dificuldades maiores no ambiente de trabalho. O e-mail também desempenha seu papel em dificultar a produtividade, mas é um tipo de distração menos explícita, e a maioria dos entrevistados concorda que as mensagens na caixa de entrada são a forma de interrupção mais fácil de ignorar.

O autor e especialista em liderança Mark Murphy analisou os resultados de um questionário realizado por sua empresa, LeadershipIQ, sobre gestão do tempo. Com base em mais de 6 mil respostas, Murphy descobriu que 71% das pessoas relatam sofrer interrupções frequentes durante o trabalho[84] — um número significativamente maior do que o determinado pelo RescueTime, que analisou um grupo menor de pessoas.

Interrupções regulares não afetam apenas a produtividade, elas também podem alcançar o domínio psicológico. Murphy escreve: "quando as pessoas são interrompidas com frequência, há apenas 44% de chance de irem embora com a sensação de que 'hoje foi um dia muito bem-sucedido'. Por outro lado, quando as pessoas podem bloquear as interrupções em seu trabalho, há 67% de chance de que sintam que o dia foi um sucesso."[85] É razoável pensar que, se mais da metade das pessoas que sofrem frequentes interrupções no ambiente de trabalho saem de lá se sentindo negativas ou frustradas com seu dia, isso poderia gerar uma sensação de insatisfação em relação ao emprego — "Por que não me permitem fazer o que fui contratado para fazer?" —, e o sentimento pode se espalhar para outros aspectos de suas vidas.

Por outro lado, uma sensação rotineira de realização, alimentada pela liberdade de fazer o trabalho com nenhuma ou poucas interrupções agendadas, muito provavelmente dará origem a um sentimento abrangente de satisfação em relação ao trabalho, boa vontade com colegas e clientes e a crença de que o ambiente de trabalho é estruturado e gerenciado de maneira a produzir os melhores esforços das pessoas e energia construtiva.

É fácil impor algumas regras práticas para criar um ambiente de escritório propício à produção no qual se desencoraja distrações repetidas. Houve um dispositivo anti-interrupção incrivelmente simples que se provou muito eficaz em possibilitar que as pessoas aproveitassem ao máximo seus quatro dias da semana no escritório e cumprissem suas metas de produtividade durante o teste da Perpetual Guardian: uma bandeira em miniatura. Quando esse pequeno objeto era colocado na vertical no pote de lápis da mesa de um funcionário, sinalizava que a pessoa estava concentrada em uma tarefa e não devia ser perturbada.

Outras empresas usam um tipo de sistema de semáforo, em que todos têm uma pequena luz em sua mesa. Quando a luz está acesa, interrupções não são permitidas. Em alguns lugares, funcionários colocam fones de ouvido para sinalizar "não perturbe", e um bom dispositivo que bloqueie os ruídos não apenas elimina a distração do zumbido do escritório, mas permite que o funcionário escute música de fundo que aguce a criatividade, ou exiba ou ouça conteúdo relacionado ao trabalho sem incomodar os outros.

Outras ideias para desencorajar interrupções, enviadas pelos usuários do RescueTime, incluem:

136 A SEMANA DE QUATRO DIAS

- Alterar as configurações de notificação em smartphones.

- Usar o modo "Não perturbe" em aplicativos.

- Estar separado fisicamente dos colegas de trabalho (usar um escritório fechado ou sala de reuniões, ou trabalhar de um ambiente remoto como uma cafeteria ou home office).

- Programar algum tempo de descanso.

- Dizer que você está ocupado aos colegas de trabalho que se aproximarem, e transferir a conversa para mais tarde.[86]

Segundo os cálculos de Murphy, leva dez minutos para limpar a mente e envolver-se em uma tarefa grande como escrever um relatório — portanto, cada interrupção custa dez minutos de tempo produtivo, enquanto o funcionário se reorienta para a tarefa e recupera a linha de raciocínio. Sua solução simples envolve bloquear horários durante o dia de trabalho, desativando o e-mail por um período definido; colocar o telefone em algum lugar fora de alcance; e usar uma barreira física, como uma porta de escritório, ou trabalhar longe do ambiente habitual, para que os outros não consigam interromper facilmente.[87]

Em quase todos os ambientes de trabalho, resolver o quebra-cabeça da produtividade significa primeiro vencer a guerra contra a tecnologia, invertendo seu uso para aumentar a produtividade, e não prejudicá-la. Usando os fones de ouvido ou uma bandeira no porta-lápis, desconectando o e-mail ou ativando o modo "Não perturbe" no telefone, defina um tempo para a pausa e deixe o trabalho fluir.

Aproveite o poder da concentração para colocar a produtividade em primeiro lugar

Se os funcionários estão tendo problemas para se concentrar no trabalho, fica muito difícil para os empregadores entenderem como a flexibilidade pode ser uma solução para a baixa produtividade. A maior parte da discussão sobre flexibilidade se concentra nos benefícios de equilibrar a vida profissional e pessoal, e trata a melhoria na produtividade como um subproduto da política de trabalho. Ou seja, a redução nas horas de trabalho gera maior produtividade como consequência do equilíbrio entre a vida profissional e a pessoal.

Há evidências conclusivas que apoiam essa suposição, incluindo uma análise de 2009 feita pelo National Bureau of Economic Research, nos Estados Unidos, que sugeriu uma interação simbiótica entre produtividade e equilíbrio entre a vida profissional e a pessoal (*Work-life balance* ou, na sigla em inglês, WLB): "Empresas bem gerenciadas tendem a ser mais produtivas e mais energicamente eficientes... empresas melhor gerenciadas também têm práticas WLB mais avançadas."[88]

Apesar dos dados, os conselhos e os gerentes sêniores se sentem inclinados a abordar a semana de quatro dias como uma proposta arriscada. Temem que os benefícios previstos para a produtividade não se acumulem, ou que a força de trabalho — cedo ou tarde — deixe de lado seu entusiasmo inicial pelo projeto, e a produtividade reverta para a norma. Os trabalhadores, por sua vez, costumam temer que a organização do trabalho flexível seja apenas um ardil para reduzir pagamentos e benefícios.

A semana de quatro dias do Perpetual Guardian compensa esses riscos ao tornar a produtividade, e não o equilíbrio entre vida profissional e pessoal, o ponto de concentração. Esse era o diferencial da nossa política em relação a muitas outras que tinham sido experimentadas antes, e foi o direcionamento do sucesso em todos os parâmetros, desde a satisfação do empregado ao lucro da empresa. De fato, a política da semana de quatro dias foi chamada internamente de "política da semana produtiva".

Com base nesse consenso central entre a gerência e os funcionários, de fornecer níveis mutuamente acordados de produtividade em quatro dias em vez de cinco, todos entenderam seu papel e responsabilidade no teste, e todos se beneficiaram de maneiras tangíveis.

138 A SEMANA DE QUATRO DIAS

O objetivo do nosso período de planejamento antes do teste era determinar as medidas de produtividade que deveriam ser aplicadas a cada equipe. Devo admitir que, antes do teste, não tínhamos medidas de produtividade adequadas em algumas de nossas unidades. Ironicamente, mesmo que o teste tivesse falhado por completo, teríamos saído dele com uma compreensão bastante aprimorada da dinâmica e referências de desempenho apropriadas e necessárias para o funcionamento eficiente da empresa.

Arrisco dizer que isso também seria verdadeiro para muitas empresas. Se for esse o seu caso, um teste produzirá, no mínimo, um cenário abrangente da produtividade adequada para cada equipe ou funcionário, o que só pode ser vantajoso para conselhos e acionistas que estejam buscando constantemente informações valiosas sobre seus negócios ou investimentos. Se todos os interessados começam um teste sabendo que o resultado obrigatório é a manutenção da produtividade padrão da empresa, fica muito mais fácil para o CEO defender o exercício e para os conselhos se justificarem com os acionistas. Quando a concentração está entre os resultados, e os resultados não mudam, não há impacto adverso na economia da organização ao se implementar a política.

Experimente a proporção 52/17

Líderes empresariais devem ser diretos ao comunicar esses limites à equipe. Os funcionários precisarão obter a permissão apropriada para alterar seu espaço de trabalho ou ficarem indisponíveis durante o horário de trabalho normal — mas há muitos dados que um trabalhador pode usar para defender sua causa, como mostra a pesquisa da empresa Draugiem Group, especializada em redes sociais, que utilizou o aplicativo de produtividade DeskTime, com rastreamento de tempo, para examinar os hábitos de seus usuários mais produtivos.

"O que eles descobriram", relata Lisa Evans na revista *Fast Company*, "foi que os 10% mais produtivos, surpreendentemente, não

IMPLEMENTAÇÃO

eram funcionários que trabalhavam mais horas do que os outros. Na verdade, eles nem sequer trabalhavam oito horas por dia. Mas eles faziam pausas regulares. Para ser mais exato, eles davam 17 minutos de pausa a cada 52 minutos de trabalho". É importante notar que tais intervalos eram, na maior parte das vezes, passados longe do computador, em conversas relacionadas ao trabalho ou em um passeio.[89]

A regra 52/17 é o modelo de trabalho ideal? Evidências de que pequenos intervalos estruturados estão relacionados a uma maior produtividade também surgiram de um projeto de 1999 da Cornell University, que usou um programa de computador para lembrar aos trabalhadores que parassem para fazer uma pausa. Segundo a revista *The Atlantic*, pesquisadores concluíram que "os trabalhadores que recebiam o alerta [lembrando-os de parar de trabalhar] foram 13% mais precisos, em média, em seu trabalho do que os colegas que não foram lembrados".[90]

O ponto-chave aqui é que a ênfase na produtividade não significa que não deve haver interação social em um dia de trabalho com carga horária normal, de oito horas com tempo para almoço. O modelo de trabalho 52-17 ainda representa 102 minutos de inatividade, e ainda há a pausa para o almoço.

Deixe as pessoas liderarem...

Você quer boas notícias? O elemento mais importante que contribui para o sucesso da semana de quatro dias ou de outra política de flexibilidade já está presente no seu ambiente de trabalho: seu pessoal.

Em uma sexta-feira no início de fevereiro de 2018, anunciei o teste da semana de quatro dias em uma reunião geral em um link de vídeo para nossas filiais nacionais, e disse à equipe que o teste seria colaborativo, não prescritivo. Ninguém ia dizer a eles o que fazer, e precisaríamos descobrir as respostas juntos, dentro das equipes e com os gerentes. O sucesso dependeria de quão bem compartilharíamos as ideias, solucionaríamos os problemas e pedíssemos ajuda.

Abri vários canais de comunicação, desde o nosso site interno a reuniões informais, como bebidas com os funcionários, para que a equipe pudesse fazer sugestões onde quer que se sentisse mais confortável. Os funcionários entenderam que estavam sendo incluídos no processo desde o início, que eu tinha um palpite, mas não sabia como fazê-lo funcionar, e eu precisava de suas ideias e conselhos. É óbvio, tudo isso volta ao ponto da confiança; eles sabiam que seriam ouvidos e respeitados.

Com base na minha experiência, aconselho outros líderes a dar aos funcionários uma quantidade razoável de tempo para pensar em como podem trabalhar de maneira diferente e incentivá-los a mostrar sua própria medida de produtividade. Peça que decidam como podem organizar suas folgas dentro das equipes enquanto continuam atendendo às necessidades dos clientes e dos negócios. Para o teste funcionar, é preciso que de início todos os funcionários tenham uma nítida ideia dos objetivos individuais e das equipes.

Dessa forma, o engajamento da equipe não só é crucial, mas escrupulosamente justo, porque apenas os responsáveis pela produção podem determinar como eles cumprirão as medidas de produtividade acordadas. Uma abordagem prescritiva que não convida o funcionário a reprojetar sua própria estrutura de trabalho seria um erro; sufocaria o engajamento e o domínio de todo o processo.

Ao desafiar o funcionário a conceber ideias de aprimoramentos para manter e até mesmo aumentar a produtividade, a empresa contorna problemas óbvios com sistemas e processos que impediriam ou prejudicariam a melhoria da produtividade.

Em um processo implementado de cima para baixo, os líderes correm o risco de que toda a política seja vista como um "presente de grego" homérico, ou seja, a equipe percebe o projeto como inatingível, dissimulado na intenção e destinando ao fracasso, e é provável que fique a percepção de que a empresa tentou uma política de flexibilidade para obter uma vitória barata em relações públicas.

... mas tenha certeza de que conhece seu pessoal

Dizer que os trabalhadores responderão à notícia da política da semana de quatro dias de algumas maneiras previsíveis não é uma generalização, mas uma avaliação baseada nas evidências da psicologia humana e em como nós respondemos a mudanças inesperadas.

O anúncio interno de um teste ou política da semana de quatro dias vai desestabilizar gestores e funcionários, desafiará suposições e hábitos de trabalho e provavelmente os fará pensar sobre o próprio trabalho de uma forma que nunca fizeram.

Para o propósito dessa discussão, estou me referindo a empregados com contrato de tempo integral, com benefícios e direitos padronizados, em empresas de indústrias estabelecidas — em oposição a operações de startup em novos setores que podem ter atraído novos talentos com incentivos mais flexíveis, como férias anuais ilimitadas.

Quando falamos de uma cultura empresarial que possibilita ou impede a semana de quatro dias, estamos nos referindo a quatro tipos de trabalhadores. Você trabalhou com todos eles e você é um deles. Algumas empresas têm muitos funcionários de um tipo e apenas um punhado de outro — mas, na preparação para implementar uma estrutura nova e flexível, cada um desses tipos deve ser compreendido, e estratégias apropriadas devem ser adotadas para acomodar suas necessidades e pré-concepções.

1. O ENTUSIASTA ADAPTÁVEL

Em qualquer empresa, alguns funcionários receberão o anúncio da nova política da semana de quatro dias como se todos os presentes de Natal tivessem chegado de uma só vez. Eles vão entender e adotar o que está sendo oferecido, e adaptar-se perfeitamente ao novo modelo de trabalho. Na maioria das empresas, é provável que esses indivíduos sejam a minoria. E, provavelmente, neste grupo se incluem pessoas que tiveram filhos, estão

142   A SEMANA DE QUATRO DIAS

retornando à força de trabalho e sabem, por já terem demonstrado, que podem fazer uma semana inteira de trabalho em quatro dias. Eles provavelmente serão os maiores advogados desta política.

2. O CÉTICO

Normalmente, a resposta mais retumbante virá dos que compreendem a estrutura e os benefícios, mas estão convencidos de que há um problema. Por que, perguntam eles, algum chefe escolheria cortar um dia inteiro da semana de trabalho, a menos que tivesse um motivo oculto? Isso é uma manobra para reduzir o número de funcionários? As metas de produtividade serão maiores, uma vez que tenhamos provado que podemos trabalhar de forma mais eficiente em quatro dias?

Essas são perguntas legítimas para as quais os líderes precisam estar preparados — e a dúvida será maior e mais urgente em empresas que sofreram (nos últimos dois anos, mais ou menos) fusão ou foram adquiridas. Alguns trabalhadores experientes em indústrias estabelecidas passaram não apenas por uma, mas por várias reestruturações, e o cético estará em busca de garantias de que o prazo de quatro dias por semana não é um código para reduzir o quadro da empresa. Discuti anteriormente sobre as demissões que se seguiram à introdução da metodologia Agile em duas grandes empresas da Nova Zelândia — este é um problema real que deve ser reconhecido e tratado com honestidade e integridade.

3. O DO CONTRA

Um terceiro grupo de trabalhadores será totalmente contrário a uma semana de quatro dias. Para algumas pessoas, o coleguismo conquistado a partir da interação

IMPLEMENTAÇÃO 143

na rotina de trabalho é fundamental para seu padrão social, e eles relutam em perder qualquer porção disso. Outros ficarão confusos com a sugestão de que podem ou devem concluir o trabalho da semana em quatro dias, e não cinco. Algumas das pessoas em cada um desses subgrupos podem mudar de opinião se apresentadas a outros modelos de flexibilidade, como trabalhar menos horas por dia nos cinco dias da semana, em vez das oito horas diárias — mas as que preferirem manter o status quo e tiverem bom desempenho devem ser respeitadas e acomodadas.

4. O NÃO COMPROMETIDO

Por fim, há pessoas que acolherão a semana de quatro dias, embora sem reconhecer que seus benefícios estão ligados a suas responsabilidades. Esses trabalhadores se concentram exclusivamente no lado positivo da mudança, mas são incapazes de, ou não querem, contemplar modificar a forma como trabalham para entregar o aumento de produtividade, que é o pré-requisito para a adoção da política. Nesses casos, as habilidades dos líderes sêniores e gerentes de equipe devem ser usadas para que o não comprometido não atrapalhe a oportunidade dos colegas mais abertos e colaborativos.

Agora, vamos subir a escada até os altos executivos. A atitude desse domínio define o tom da conversa da empresa e fornece orientação para o restante da equipe de liderança. Como os funcionários, os gerentes também podem ser classificados em grupos. Embora o CEO seja a figura central, com influência inigualável em toda a empresa, esses "tipos" podem, é óbvio, ser encontrados em todos os níveis de gestão, bem como no conselho. Falhar em reconhecer e resolver os problemas que eles acarretam pode levar ao fracasso da iniciativa.

1. O NEGACIONISTA

Sempre que falar sobre os méritos da semana de quatro dias em qualquer lugar do mundo, um membro da audiência vai se levantar para proferir uma variação desta frase: "Parece ótimo, mas isso não funcionaria na minha empresa". O negacionista decidiu que a política *não pode* funcionar e está ignorando a regra de ouro da semana de quatro dias: pergunte aos funcionários.

Durante o meu anúncio da iniciativa da semana de quatro dias, admiti abertamente que não fazia ideia de como efetuar a política que eu tinha em mente, mas essa era uma aspiração minha e eu gostaria que a equipe me dissesse o que era preciso mudar para que isso acontecesse. Antes do teste, tenho certeza de que todos na empresa diriam que era impossível ser bem-sucedido.

É óbvio, o negacionista pode ter razão. O modelo da semana de quatro dias que adotamos na Perpetual Guardian não é a única solução, e as empresas identificarão o formato de trabalho flexível que funciona para eles. Mas a recusa em aceitar um teste aberto e honesto das alternativas sugere uma mente fechada não apenas para a semana de quatro dias, mas também para quaisquer novas formas de trabalhar e de fazer negócios.

Isso é um problema, porque a revolução do trabalho está chegando, esteja você pronto ou não. A recusa em explorar as possibilidades privará a empresa de talentos. Prender-se às formas antigas de fazer as coisas provavelmente será um presságio do fracasso.

Infelizmente, não há como convencer um negacionista. Na ausência de forte defesa e liderança, a política da semana de quatro dias está destinada a falhar. O negacionista poderá então fechar o ciclo com um "eu disse".

Negacionistas abaixo do nível do CEO podem ser gerenciados, principalmente porque podem ser comparados com outros líderes que adotam a política. Embora haja exceções, a falha na implementação bem-sucedida da política geralmente identifica um problema de liderança. Tais indivíduos podem ter o desempenho gerenciado na direção dos resultados desejados.

Os conselhos que deparam com CEOs negacionistas devem considerar se esse é um sintoma de limitações mais abrangentes, como a recusa de experimentar, de se comunicar aberta e honestamente com a equipe, e de manter a mente aberta. Só existe uma solução: contratar outro CEO.

2. O AVESTRUZ

Líderes do tipo avestruz estão em todo lugar. São gerentes que não acreditam que é preciso diálogo, porque tudo está bem do jeito que é. É pura complacência.

Conselhos e CEOs que precisam enfrentar um avestruz devem se armar com as resmas de dados que mostram o impacto positivo das políticas flexíveis de trabalho sobre a produtividade e o engajamento, a retenção de funcionários e as licenças médicas.

Nossa experiência identificou oportunidades significativas para melhorar os processos e mudanças não desprezíveis no gerenciamento de tempo para aumentar a produtividade. No mínimo, essa pode ser uma evolução barata dos processos, cujos benefícios são óbvios até para um avestruz.

3. O MAU VENDEDOR

Este é o líder que adota o conceito da semana de quatro dias, mas está inseguro quanto à reação dos gerentes sêniores, do conselho de diretores e dos acionistas. Sua visível incerteza significa que seu discurso, se é que ele é feito, não é nada convincente.

146   A SEMANA DE QUATRO DIAS

Quando projetamos nosso teste, foi necessário que estivéssemos convencidos primeiro. Sim, a semana de quatro dias foi um palpite, e minha veia empreendedora significa que eu tenho um instinto de jogador, mas eu era proprietário de uma proporção significativa da empresa e não colocaria minha companhia, nem minha carteira, em uma roleta-russa. Nós nos convencemos da viabilidade do teste ao executá-lo com base na produtividade, e demos um suporte à ideia com pesquisas independentes e objetivos de produtividade acordados.

Esses parâmetros, em conjunto com a promessa explícita de retirar o benefício da semana de quatro dias no caso de má produtividade, deve aplacar os membros do conselho mais resistentes, e dar confiança aos piores vendedores.

Observe os hábitos das pessoas "altamente produtivas"

Na maioria das empresas de médio a grande porte, há funcionários que têm certeza de já serem altamente produtivos e trabalharem no máximo da capacidade. Essas pessoas verão a implementação de uma semana de quatro dias mais como uma imposição do que como um presente, porque a sugestão de que a semana de quatro dias pode melhorar a produtividade será vista como absurda. Para esses funcionários, uma redução de horas significa que o trabalho simplesmente não será concluído; seus dias já estão cheios.

Os dados, para não mencionar a observação geral no local de trabalho, nos informam que alguns funcionários são mais produtivos do que outros. No entanto, é bastante improvável que qualquer indivíduo esteja trabalhando com a máxima eficiência e capacidade total, em tarefas genuinamente produtivas, em todos os momentos.

Os gerentes dos funcionários "altamente produtivos" resistentes a uma revisão da produtividade real precisarão levar o trabalhador por um caminho diferente, a princípio questionando se todos os

IMPLEMENTAÇÃO

processos ou tarefas realizadas pelo funcionário são a) produtivas, b) necessárias e/ou c) poderiam ser feitas mais depressa com uma melhoria do processo.

Aposto que até o funcionário mais eficiente pode encontrar maneiras de agilizar processos e reduzir as atividades aparentemente produtivas, mas praticamente improdutivas, que assolam muitos dos locais de trabalho, desde reuniões muito longas e cheias a cadeias de e-mail desnecessárias. Essas atividades dão a ilusão de produtividade, mas acrescentam pouco ou nada ao resultado e ao lucro da empresa.

Esteja disposto a desistir

O compromisso com a semana de quatro dias deve ultrapassar a superfície. O líder que introduz uma política de flexibilidade por motivo de popularidade não alcançará os resultados necessários. No centro dessa opção, deve haver uma discussão séria sobre aumento de produtividade. O líder deve estar disposto a defender o ponto possivelmente impopular para sua equipe de que a produtividade não é um subproduto, mas o evento principal, e todo o resto, incluindo o equilíbrio entre vida profissional e pessoal, é secundário — mas, se a implementação for bem-feita, o equilíbrio chegará.

A dura verdade, e isso deve ser explicado antecipadamente aos funcionários, é que falhar em manter a produtividade mutuamente acordada resultará na perda da semana de quatro dias. Isso não os fará ganhar nenhum concurso de popularidade, mas os líderes devem estar dispostos a usar a sanção de retiradas.

A semana de quatro dias ainda não foi amplamente testada em indústrias e mercados diferentes, mas minha expectativa é que os líderes preparem o terreno adequadamente, comecem o exercício com conversas honestas, conduzam um processo liderado pela equipe e não sejam motivados por uma necessidade de popularidade raramente terão que efetuar essa sanção.

Permita que as pessoas escolham participar

Para ser consistente com o projeto da semana de quatro dias como uma iniciativa liderada pela equipe, qualquer decisão da administração e do conselho para introduzi-la a longo prazo não pode ser imposta unilateralmente em toda a empresa. A equipe deve ser consultada e autorizada a escolher participar ou não da suposta nova estrutura de trabalho.

No caso da Perpetual Guardian, fomos legalmente autorizados a oferecer um dia de folga semanal a longo prazo somente se permitíssemos que os funcionários escolhessem participar. Essa é também uma decisão lógica, porque, como qualquer teste pode provar, a semana de quatro dias não é a estrutura de trabalho ideal para todas as pessoas. Quando eu falo "escolher", quero dizer literalmente criar um processo simples no qual a equipe preenche um formulário, aprovado por advogados, que os vincula a uma semana de quatro dias. Os termos são distintamente declarados, incluindo o fato de que todas as condições, responsabilidades e benefícios usuais de emprego estão vigentes. Seus contratos de trabalho, assinados quando entraram na empresa, permanecerão inalterados.

As medidas de produtividade acordadas para os participantes devem ser definidas com antecedência e aprovadas por seus gerentes, e o contrato de entrada na política não é de prazo indefinido, sendo renovável após doze meses, com a pendência de uma revisão abrangente dessas medidas, levantada pelo funcionário e concluída antes do fim do ano.

Alguns funcionários vão preferir trabalhar uma semana de cinco dias e negociar horas diárias reduzidas, de forma a estarem livres para deixar os filhos na escola ou buscá-los. Para outros, o trabalho é uma parte importante de suas relações sociais, e eles preferirão trabalhar cinco dias, e outra vez é possível a negociação de horas reduzidas. Existe outro grupo, provavelmente bastante pequeno, que precisa de uma semana completa de 40 horas para alcançar seus objetivos de produtividade.

IMPLEMENTAÇÃO 149

É importante ressaltar que o modelo de escolha permite que as empresas acomodem as flutuações sazonais que afetam a maioria dos negócios. Por exemplo, na nossa empresa há períodos de pico em que nossa equipe de contabilidade precisa trabalhar longas horas, e uma semana de quatro dias não seria prática — de fato, causaria mais estresse. Para quem não tem um padrão de trabalho consistente, considere as épocas do ano em que a flexibilidade pode ser oferecida, e como isso pode equilibrar a balança em relação aos períodos em que todos estão acelerados.

FORA DO ESCRITÓRIO

Uma das perguntas mais comuns que eu recebo nos debates globais sobre a semana de quatro dias é: como funciona para empresas que não estão baseadas em um escritório? Aqueles que administram ou trabalham em indústrias que funcionam em escalas e horários de pico, como varejo e hospedaria em geral, não veem como o modelo da semana de quatro dias poderia se aplicar a eles.

Vamos tomar como exemplo uma loja de varejo. Quantas vezes você já saiu para fazer compras e foi ignorado, ou foi atendido por alguém que estava visivelmente insatisfeito com o trabalho? Essas pessoas são produtivas? Não.

Agora, os turnos de trabalho (uma forma estabelecida de arranjo flexível do trabalho) já ocorrem no varejo, porque muitas lojas abrem sete dias por semana, mas a maioria dos funcionários tem dias de folga semanais. Se você é proprietário de uma loja de varejo, poderia calcular se um funcionário descansado tem uma performance melhor nas vendas? Se você der às pessoas a possibilidade de escolha em relação a quando elas trabalharão, talvez descubra que alguns dos seus funcionários preferem trabalhar nos turnos de sexta-feira ou sábado, que podem ser dias em que um dos seus colegas não quer trabalhar. O exemplo mencionado no Capítulo Três, mostrando

150   A SEMANA DE QUATRO DIAS

como dar à equipe alguma flexibilidade nos turnos melhorou as vendas em uma loja Gap, é instrutivo.

Se todos na equipe fossem consultados em relação a como desejam estruturar sua semana de trabalho — o que funciona melhor em seus estilos de vida, horários de estudo, responsabilidades com os filhos e assim por diante —, você receberia performances melhores do que a do trabalhador exausto, fazendo horas extras, que não consegue reunir energia suficiente para atender com alegria um cliente? É provável que a retenção dos funcionários também aumentasse.

O setor de hotelaria não é diferente. Quantos de nós já fomos mal atendidos em um restaurante? Se um chef está trabalhando 24 horas por dia, podemos esperar que o ritmo de produção dos alimentos, ou a qualidade, sejam mantidos? O que eu sempre digo a outros líderes e empresários é pensar a longo prazo. Nas empresas que trabalham por turnos ou naquelas em que o tráfego comercial é maior à noite e nos fins de semana, a semana de quatro dias é inteiramente possível, mas é provável que haja um aumento de custos a curto prazo, porque mais funcionários serão necessários.

Mas lembre-se: o modelo de quatro dias trata de produtividade e, se as pessoas estão mais descansadas e entusiasmadas, talvez consigam acrescentar uma garrafa de vinho à venda? Ou talvez sugerir o cinto perfeito para combinar com o novo vestido?

Em qualquer setor, um trabalhador cansado é sempre algo ruim. Creio que quem está mais descansado, não tira licenças médicas, tem boa saúde mental e tempo para equilibrar a vida profissional e a pessoal, será mais produtivo. Colocar o foco puramente nos custos — ou no investimento — é calcular errado, e perder o foco.

EM RESUMO

- Para preparar o terreno para a semana de quatro dias, construa confiança, não pense demais, considere executar um teste curto,

IMPLEMENTAÇÃO

adotar o tempo como recurso escasso, faça sua lição de casa e garanta estar recebendo aconselhamento jurídico adequado.

- Depois que um teste ou uma política de produtividade for estabelecido, encontre maneiras de reduzir perturbações e distrações no ambiente de trabalho, como objetos que os funcionários podem exibir para sinalizar que preferem não ser interrompidos.

- Concentre-se no valor da produção para garantir que os objetivos dos negócios foram amplamente compreendidos em todos os níveis, desde os funcionários aos membros do conselho, e experimente modelos de trabalho que incorporem intervalos regulares.

- Deixe que o julgamento e a política sejam liderados por quem os implementará — os trabalhadores — e entenda que nem todos os gerentes ou funcionários acharão fácil se adaptar a uma política de produtividade e a adotarão. O modelo talvez não sirva bem a todos os funcionários, de forma que é necessário possibilitar a escolha.

- Os funcionários devem entender desde o início que falhar em manter a produtividade nos níveis mutuamente acordados resultará na perda da semana de quatro dias.

- A semana de quatro dias também é viável em ambientes não comerciais de negócios; é apenas uma questão de começar consultando os funcionários quanto à estrutura de trabalho que funciona melhor para sua vida pessoal.

CAPÍTULO SETE

Os benefícios mais amplos

RETRATO DE UM PLANETA SUSTENTÁVEL

Embora, para os propósitos deste livro, eu esteja focando em produtividade a nível de local de trabalho, até melhorias modestas na produtividade nacional têm o potencial de gerar amplos benefícios macroeconômicos. De acordo com o New Economics Foundation, do Reino Unido, uma semana de trabalho de 21 horas poderia ajudar na abordagem de uma "gama de problemas urgentes e interligados", incluindo "excesso de trabalho, desemprego, consumismo, altas emissões de carbono, baixo nível de bem-estar, desigualdades arraigadas e pouco tempo para viver de maneira sustentável, para cuidar uns dos outros e simplesmente aproveitar a vida".[91]

Isso pressupõe, é óbvio, que uma semana de trabalho mais curta, porém mais produtiva, é capaz de comportar as necessidades de renda de um indivíduo. O caso da Perpetual Guardian prova que é possível.

Vamos dar um zoom na minha cidade natal adotiva, Auckland, na Nova Zelândia, e pensar em uma teoria. Digamos que a semana de quatro dias ganhe fôlego e as organizações em toda a cidade diminuam em 20% o número de funcionários trabalhando no escritório por dia. O número diário de carros na estrada cai em pelo menos um quinto, e em até 40% se os pais forem rotineiramente autorizados a trabalhar cinco dias mais curtos e levar e buscar os filhos na escola.

Um relatório de 2017 feito pelo Institute for Economic Research da Nova Zelândia sobre os benefícios do descongestionamento das estradas em Auckland significa que sabemos exatamente o que essa diminuição no volume de tráfego representaria para a economia da cidade.

O relatório constatou que a produtividade poderia aumentar em pelo menos 1,3 bilhão de dólares neozelandeses por ano (1,4% do PIB de Auckland), se o uso da rede rodoviária pudesse ser otimizado. Além disso, se a velocidade média nas rodovias de Auckland estivesse próxima do limite de velocidade ou igual (o que se conhece como fluxo livre), os benefícios do descongestionamento durante os dias úteis foram estimados em cerca de 3,5 milhões de dólares neozelandeses diários, ou entre 1,4 e 1,9 bilhão de dólares neozelandeses (entre 1,5 e 2% do PIB de Auckland).[92] Imagine esses resultados extrapolados para Nova York, Londres ou Buenos Aires.

No Capítulo Um, discuti a intensidade do congestionamento e a longa duração dos translados como subproduto da maneira como trabalhamos hoje, com bilhões de horas, dólares, galões de combustível e quilos de dióxido de carbono gastos a cada ano em países desenvolvidos, onde o termo "hora do rush" faz parte do léxico desde que todos se lembram. Ainda que deixemos de lado a questão da mudança climática, dando um enfoque puramente econômico, um modelo de trabalho difundido que prioriza a produtividade e a eficiência em detrimento de uma adesão robótica às horas de trabalho (que antes eram ditadas pelo sol e agora são, em sua maioria, arbitrárias) é indiscutível.

Quando voltamos nossa atenção para o bem-estar do planeta, a resposta é igualmente óbvia. Um artigo de 2018 do departamento de RH da UC Davis vai direto ao ponto ao argumentar contra a inflexibilidade no trabalho: "Não ir trabalhar pode ser uma das coisas mais ambientalmente sustentáveis que você pode fazer individualmente como funcionário."[93]

Examinando os supostos benefícios dos acordos de trabalho flexíveis, ou ATFs, do ponto de vista estadunidense, o autor observa que os dois principais contribuintes para as emissões de gases de efeito estufa nos Estados Unidos são os meios de transporte (29%) e a produção de eletricidade (28%), com cerca de 135 milhões de estadunidenses indo para o trabalho. Desses trabalhadores, 50% têm empregos que poderiam ser feitos remotamente por algum período, e o valor da redução das emissões desses trabalhadores ao evitar o deslocamento habitual na metade de seus dias normais de trabalho seria o equivalente a remover 10 milhões de carros das ruas.[94]

O programa ATF da UC Davis ajudou a "aumentar a produtividade e a retenção do trabalhador, e melhorar o equilíbrio entre a vida profissional e a pessoal", com as opções principais especificadas como horário flexível (alterando o horário de início ou fim do dia de trabalho); uma semana comprimida com menos dias de trabalho mais longos; e trabalho remoto durante alguns dias da semana. Cada opção significa evitar o translado e/ou escapar da hora do rush pelo menos algumas vezes.

Um estudo da Henley Business School, da University of Reading, reforça o caso da UC Davis ao descobrir que, além dos efeitos positivos relacionados à produtividade e à saúde física e mental da equipe, uma semana de trabalho com horas reduzidas promove a sustentabilidade ambiental. Segundo os autores do relatório, "a semana de quatro dias também demonstra um impacto positivo no meio ambiente, pois, de acordo com as estimativas dos funcionários, eles dirigiriam cerca de 9 bilhões de quilômetros a menos por semana, em média, levando a menos emissões de gases pelo transporte".[95]

Lembre-se que a pesquisa de Henley, embora significativa para a literatura existente, incorporou dados de cerca de 250 empresas que relataram utilizar o modelo de quatro dias de trabalho por semana. Se extrapolarmos o comportamento relatado em relação ao translado pendular dos funcionários em todo o Reino Unido, e mesmo em todo o mundo desenvolvido, há sem dúvida um forte argumento para alterar a locomoção dos trabalhadores, e a semana de quatro dias torna-se uma ferramenta para proteger o clima e evitar mudanças catastróficas.

Este caso é reforçado por um estudo publicado em 2018 pelo jornal acadêmico *Review of Political Economy*. Pesquisadores da Colorado State University, New College of Florida e Dickinson College, na Pensilvânia, analisaram dados do US Bureau of Economic Analysis e do Bureau of Labour Statistic e concluíram que famílias com mais horas de trabalho deixam pegadas de carbono significativamente maiores.[96]

Enquanto escrevo isso, o movimento Extinction Rebellion está bloqueando as principais estradas em todo o mundo para defender que os governos tomem medidas imediatas para se tornarem livres de emissões de carbono. Isso atraiu comentários sobre o efeito significativamente negativo que uma posição de emissão zero ou neutra de carbono poderia ter em relação à produtividade de um país e à competitividade global. No entanto, a difusão da semana de quatro dias poderia alcançar de imediato uma redução substancial nos níveis de poluição, sem qualquer impacto adverso no desempenho dos negócios.

A semana de quatro dias pode ser uma resposta a pequenas e grandes crises — desde a instabilidade climática ao estresse laboral — se estivermos preparados para permitir que os dados nos levem à ação como um coletivo global. Um modelo de trabalho com horas reduzidas e focado na produtividade está longe de ser a única medida necessária para alcançar e preservar a sustentabilidade planetária, mas as evidências nos mostram que a intensificação do trabalho na era digital teve um efeito neutro ou prejudicial em todas os parâmetros, exceto na geração de riquezas. Ainda assim, apenas uma minoria de indivíduos e corporações está ficando mais ricos — e eles vivem sob o mesmo sol volátil que o restante de nós.

Ao defender que é possível criar um círculo virtuoso, no qual as pessoas, as economias e o planeta ficam saudáveis ao modificar a semana de trabalho padrão para focar na produtividade e no bem-estar, não estou narrando um conto de fadas. Assim como todo funcionário tem a responsabilidade de fazer a semana de quatro dias funcionar em sua empresa, só agora entendemos que a crise climática não é um problema que deve ser corrigido por outra pessoa — estamos todos no mesmo barco. E se começarmos a fazer mudanças individuais relativamente menores nos padrões e cronogramas de trabalho, mas em grande escala, assim como fazemos ao reciclar nosso lixo doméstico? Essa parte da solução é tão simples que vem como um alívio.

TRABALHAR PELO BEM

O valor da semana de quatro dias não está apenas no seu potencial de desestressar as pessoas e o planeta, mas também em uma condição relacionada à política de produtividade da Perpetual Guardian. Aqueles que optam por participar devem se comprometer a dedicar à caridade um de seus dias de folga a cada trimestre. Eles podem escolher o projeto que gostariam de apoiar, e nós só especificamos que eles devem ser voluntários. Se cada funcionário de nossa empresa doa seu tempo quatro dias por ano, o total é de cerca de mil dias de boas práticas sociais anuais.

Na minha opinião, a obrigação de doar um dia a cada trimestre reforça a ideia de que a semana de quatro dias em si é um presente e serve para lembrar o objetivo da política: possibilitar que as pessoas sejam sua melhor versão no trabalho e em casa. Contribuir com a comunidade é parte disso.

A Volunteering New Zealand, por exemplo, defende o trabalho remunerado flexível como forma de começar o voluntariado. A organização postula que há benefícios mensuráveis para o trabalhador, seu empregador e a comunidade que recebem o apoio do trabalho remunerado para empreender atividades não financiadas que podem ser desde alguma urgência, como ser voluntário no combate a um incêndio, ao trivial, como cuidar de algum parente idoso.[97] Em todos os casos, há um valor agregado, e os arranjos de flexibilidade no trabalho geram economias de tempo que podem ser redirecionadas para organizações sem fins lucrativos e causas nobres.

À parte das condições da nossa política, o genuíno entusiasmo da equipe da Perpetual Guardian ao realizar trabalhos voluntários valida a teoria do intercâmbio social, que sugere, de acordo com a School of Social Work da Tulane University, que "um relacionamento é criado entre duas pessoas por meio de um processo de análise de custos e benefícios. Em outras palavras, é um sistema projetado para determinar o esforço despendido por um indivíduo em um relacionamento interpessoal".[98] A teoria pode ser aplicada a amizades e relacionamentos românticos, e às trocas no local de trabalho — principalmente entre empregador e trabalhador, sendo que cada parte calcula o que dá e recebe, e se a continuação do relacionamento profissional vale a pena.[99]

Um funcionário trabalhando em ambiente tóxico, se for mal pago ou não estiver sendo reconhecido por seus esforços, provavelmente jogará a toalha. Por outro lado, alguém que tiver a opção de trabalhar no sistema 100-80-100 não apenas tem grandes chances de querer ficar no emprego, mas provavelmente vai desejar dar mais em troca do valor reconhecido com a flexibilidade no trabalho. O trabalho voluntário se torna parte dessa troca.

Para os negócios, as recompensas vêm em diferentes formas, incluindo uma vantagem competitiva. Embora isso não tenha sido planejado, o anúncio da semana de quatro dias acabou sendo integrado em nossa estratégia de marketing, e o trabalho de caridade feito de forma independente pela equipe se encaixa com os serviços de filantropia realizados em larga escala pela nossa empresa. Durante o teste, nossa participação no mercado cresceu e conquistamos mais contratos, e a notoriedade positiva progrediu junto com o debate global sobre a semana de quatro dias.

De volta ao círculo virtuoso: vamos prever um mundo em que os governos começam a legislar por uma semana de quatro dias, ou pelo menos incentivar as empresas a oferecer um modelo de trabalho flexível, protegendo os direitos estabelecidos dos trabalhadores. Uma condição geral dessa legislação ou sistema de recompensa pode se assemelhar à política da Perpetual Guardian — todo trabalhador

OS BENEFÍCIOS MAIS AMPLOS

é obrigado a passar um dia por trimestre contribuindo para o bem maior. E se as empresas fossem recompensadas por orientar seus funcionários para causas que apoiam a sustentabilidade? Podemos imaginar uma situação em que as empresas se unam em prol de toda uma cidade, com milhares de voluntários fazendo remediações ambientais, plantando árvores, trabalhando em abrigos de animais e centros de resgate, e até mesmo fazendo cursos sobre questões de sustentabilidade?

Parte do futuro do trabalho deve estar relacionada à alavancagem corporativa e ao poder do trabalhador a serviço da estabilidade climática. Isso só pode acontecer por meio de alguma forma de acordo entre governo e empresas.

Na França, o compromisso de Emmanuel Macron com a reintrodução de uma forma de serviço nacional oferece um vislumbre de como isso pode se manifestar. Ele está propondo um serviço nacional de duas fases abrangendo todos os adolescentes de 16 anos. A primeira fase seria um estágio de um mês com foco na cultura cívica, possivelmente por meio de ensino voluntário e trabalho de caridade, e a segunda fase um cargo que pode variar de três meses a um ano em que os jovens poderiam optar por trabalhar como voluntários no patrimônio, meio ambiente ou na assistência social. (A intenção de Macron era que essas colocações tivessem um componente militar, mas, de acordo com relato da BBC, as organizações da juventude não aceitaram esses termos, que foram desfeitos.)[100]

Os benefícios de uma semana de quatro dias são inumeráveis, e seus efeitos podem ser intensificados e acelerados por meio de instrumentos legislativos padrão. É aí que o conjunto de dados que emergem de empresas em vários setores, cidades e países se torna cada vez mais valioso. Os governos podem usar a base de evidências para dar suporte a um novo modelo de trabalho que não envolva um compromisso com os benefícios econômicos aceitos pela indústria, mas possa fornecer enormes retornos na forma de bem-estar individual e uma contribuição mais ampla para o bem coletivo.

DUAS MULHERES

As disparidades salariais entre homens e mulheres, a discriminação e a falta de diversidade permanecem problemas arraigados na força de trabalho do século XXI, e alguns de seus piores exemplos podem ser encontrados nas maiores empresas estadunidenses de tecnologia e do modelo gig, conforme destacaram Susan Fowler e Dan Lyons.

A falta de flexibilidade no trabalho em geral é percebida como mais prejudicial para as mulheres, que são mais propensas do que os homens a fazer uma pausa na carreira para cuidar de crianças. No entanto, o oposto também se provou verdadeiro, e algumas análises concluíram que os acordos de flexibilidade no trabalho são mais vantajosos e acessíveis aos homens.

Uma pesquisa de 2014 da Furman University sobre a flexibilidade no trabalho em uma perspectiva de gênero concluiu que a probabilidade de homens serem atendidos ao pedir uma carga horária flexível era maior que a das mulheres. Um estudo de 2016 feito por pesquisadores alemães, mais uma vez comparando funcionários de ambos os sexos, identificou que, embora trabalhadores com autonomia em seus horários ganhassem mais do que os funcionários em cargas horárias padrão, "homens com autonomia na carga horária ganhavam 6.700 euros a mais por ano do que homens com horários fixos, enquanto mulheres com a mesma autonomia recebiam apenas 2 mil euros a mais por ano do que mulheres com cargas horárias tradicionais".[101]

Plus ça change. David Burkus, professor de gestão que analisou as evidências, teorizou que os homens desejam a flexibilidade porque isso os ajuda a serem mais produtivos, enquanto a flexibilidade ajuda as mulheres a gerenciar as responsabilidades dos cuidados com crianças. Olhando de outro ângulo igualmente plausível, Burkus afirma que as mulheres podem estar sujeitas a uma percepção tendenciosa entre seus pares de que elas só desejam horários flexíveis para resolver demandas da família, e não para serem mais produtivas.[102]

OS BENEFÍCIOS MAIS AMPLOS

Lamentavelmente, a discriminação sexista persiste, apesar dos milhões de mulheres que são tão comprometidas com o trabalho, ou ainda mais, quanto seus colegas homens. Duas histórias sobre a Perpetual Guardian ilustram o potencial da semana de quatro dias para diminuir as disparidades salariais de gênero e reequilibrar as escalas de trabalho e família para homens e mulheres.

Os méritos pró-família da semana de quatro dias se evidenciam em histórias como a de Greta Lambert (cujo nome foi alterado para proteger sua privacidade). Greta é uma funcionária da Perpetual Guardian que trabalhou no projeto e na implementação da política da semana de quatro dias. Ela é casada com um chef que geralmente trabalha na segunda metade da semana e nos fins de semana. Depois do teste e da análise, quando ficou nítido que a semana de quatro dias se tornaria o padrão em nossos negócios, Greta e seu marido decidiram começar uma família.

A diferença que a semana de quatro dias fez na estrutura de suas vidas, permitindo que eles tivessem um dia de folga juntos todas as semanas, significava que ter um filho era viável. Em um país com uma taxa de natalidade em declínio — como qualquer outra nação desenvolvida —, um jovem casal tomou uma grande decisão em suas vidas como consequência de uma política de flexibilidade que não tem relação com gênero, status de parentalidade ou futuros planos familiares dos trabalhadores.

Os direitos à licença maternidade de Greta estão protegidos contratualmente, sem relação com a política de flexibilidade, e, se ela retomar seu cargo atual depois de ter seu filho e decidir negociar um novo arranjo de trabalho, isso será feito com base na produção, não nas horas de permanência no escritório.

Você se lembra de Christine Brotherton, nossa diretora de RH que foi fundamental para projetar e refinar a política da semana de quatro dias? De certa forma, ela foi uma cobaia inconsciente para isso. Quando Christine entrou na empresa no início de 2016, ela assumiu uma função anunciada como de período integral, mas, por uma série de motivos, negociou trabalhar quatro dias na semana. Isso significava que ela recebia um salário mais baixo e menos benefícios que um funcionário em tempo integral em um cargo equivalente. Na cabeça de Christine, esse era o padrão e, como gerente sênior do RH, ela conhecia muito bem as normas da indústria.

Quando avaliei a produção de Christine, no entanto, vi que nosso acordo talvez fosse o padrão, mas certamente não era justo. Em quatro dias por semana, ela era tão produtiva quanto qualquer funcionário em período integral. Eu disse a Christine que aumentaria seu salário e benefícios, e ela continuou a fazer 100% do trabalho em 80% do tempo.

O contrato inicial que Christine fez sobre seus benefícios laborais é exatamente o que as mulheres (e seus empregadores) deveriam evitar. Mulheres que se tornam mães, em geral, deixam o trabalho por algum tempo e, quando retornam, podem desejar negociar uma semana mais curta, mas costumam continuar produzindo o mesmo resultado que um funcionário em período integral. Em vez de negociar seu tempo, trabalhadores de todos os gêneros, com ou sem filhos, deveriam negociar sua produção, que é a principal medida de valor para um empregador que está focando nas coisas certas.

Se a prioridade do empregador for a quantidade de horas, a mulher altamente produtiva que precisa sair no meio da tarde para buscar seu filho na creche será desvalorizada em relação ao funcionário que comparece de 9 às 17 horas, mas faz apenas duas horas de trabalho útil em um dia regular.

Se todos os trabalhadores pudessem negociar em relação à sua produtividade, e não ao seu tempo, a disparidade salarial entre os gêneros diminuiria depressa. É preciso se perguntar por que qualquer proprietário ou gerente de empresa se oporia a essa equação, porque isso garante que eles recebam exatamente o serviço pelo qual pagaram. A história de Christine é um microcosmo da política da semana de quatro dias para mães que trabalham; ao tratá-las como funcionárias em tempo integral ao reconhecer sua produtividade, sinalizamos que elas podem trabalhar quatro dias por semana e ainda assim progredir em sua carreira. Dessa maneira, a diferença de gênero diminuiu — não apenas no salário, mas também na representação de homens e mulheres nos cargos mais altos dos negócios e dos governos.

Há dezenas de histórias como as de Christine e Greta em nossa empresa. Alguns dos melhores testemunhos vieram de homens que queriam estar mais envolvidos na criação e vida das suas crianças, e a semana de quatro dias tornou isso possível. Essa não é uma coincidência; estereótipos de gênero persistirão se os homens continuarem trabalhando em período integral e as mulheres não. O simples fato de que figuras parentais masculinas fiquem mais tempo em casa, sem comprometer a renda ou a perspectiva de carreira, muda as expectativas em relação à divisão de trabalho e o papel das mulheres na força de trabalho remunerada.

Considerações de Christine Brotherton sobre a semana de quatro dias

O objetivo do teste da semana de quatro dias foi determinar se a "recompensa" de ter um dia de folga por semana com remuneração integral seria suficiente para incentivar nossa equipe a pensar diferente sobre a maneira como eles estavam trabalhando.

Com base em nossa experiência, o maior conselho que podemos dar a qualquer um que esteja considerando introduzir uma política semelhante é ser explícito em relação a seus objetivos e o que você está tentando alcançar. Também é importante ser ousado, ter uma ideia e considerar o seu desenvolvimento. Muitas vezes, as empresas ficam presas aos aspectos técnicos de como implementar a nova política.

Colabore com a elaboração do projeto do teste ou da política de flexibilidade. A liderança é crucial para o sucesso, mas é improvável que a política de flexibilidade funcione como um conceito autoritário. O sucesso do nosso teste veio do empoderamento da equipe para chegar a suas próprias decisões e confiar nelas para fazer os julgamentos corretos no que diz respeito a seus clientes e membros da equipe.

Criamos uma política que poderia ser flexível dependendo das cargas de trabalho, dos projetos ou exigências do cliente, e houve épocas em que a equipe não tirou o dia de "descanso". Mas nós capacitamos os funcionários a tomarem sozinhos a decisão sobre quando essa seria a coisa certa a fazer. É importante que líderes e gerentes assumam um papel complementar de aconselhamento, e não sejam diretivos.

Outro aspecto crítico da política é trazer medidas de produtividade individualizadas para diferentes pessoas e partes do negócio. O teste nos permitiu ter uma conversa profunda com cada membro da equipe a fim de que pudessem entender qual era o valor deles em termos de produção. Isso ajudou a conscientizar a todos e deliberar sobre o que estavam fazendo e por quê.

Uma das muitas iniciativas que surgiram a partir da equipe foi reduzir o tempo das reuniões de 60 para 30 minutos. No fim do teste, medimos se houve alguma perda na produção ou no valor das reuniões mais curtas. Não houve. Os funcionários tornaram-se mais conscientes em relação a seu comportamento e começaram garantindo que tinham uma pauta para as reuniões, e pensaram sobre como eles trabalhariam juntos e respeitariam o tempo uns dos outros.

Desde o início do teste, garantimos que a equipe não prolongaria as horas dos quatro dias de trabalho, mas se manteriam dentro das horas contratadas. A política era sobre focar na eficiência do trabalho para obter um dia extra de folga.

O teste nos mostrou que formas tradicionais de trabalhar e horas de trabalho regulamentadas estão se tornando menos relevantes nos dias de hoje. A semana de quatro dias fornece aos trabalhadores o tempo necessário para cuidar de si mesmos e para se reconectar com suas famílias, e sabemos que políticas de flexibilidade e produtividade bem projetadas como essa estão começando a fazer a diferença na vida das pessoas.

Incentivamos outras empresas ao redor do mundo a adotar esse pensamento inovador e a olhar para novas maneiras de trabalhar, focadas na produtividade e não no tempo, e se afastar do horário tradicional de trabalho, com oito ou mais horas trabalhadas em todos os dias úteis da semana. Afinal, se continuarmos fazendo tudo como sempre fizemos, como permaneceremos relevantes e melhoraremos no futuro?

ATENÇÃO ÀS FALHAS

As famílias tomam muitas decisões com base nos resultados econômicos. Quando duas pessoas que recebem aproximadamente as mesmas rendas têm um bebê, é mais provável que seja a figura materna a parar de trabalhar, o que significa que a figura paterna precisará trabalhar mais para que eles consigam pagar as contas. Talvez ele busque uma promoção para aumentar o salário. Se for bem-sucedido, eles não ganharão mais o mesmo, e é racional para os dois priorizar a carreira dele. Ao perpetuar a construção social do século XIX, que é a semana de cinco dias, criamos um mundo do trabalho que reforça as disparidades salariais entre homens e mulheres e a divisão de gênero do trabalho da casa.

Na verdade, o modo como chegamos à semana de cinco dias já estava baseado em uma divisão do trabalho em relações heteronormativas. Com poucas exceções, conforme a classe média crescia nos anos pós-guerra do século XX, as mulheres cuidavam da casa e os homens iam trabalhar, com as famílias confortavelmente sustentadas por uma única renda. As esferas pública e privada eram separadas, e sua organização era estritamente delineada. No mundo moderno, essas duas esferas não estão mais separadas.

As disparidades salariais entre os gêneros

O que permanece dividido, muitas vezes sem justificativa, são os níveis de remuneração de homens e mulheres na força de trabalho. A disparidade salarial média entre os gêneros nos países da OCDE foi de 13,8%, com os Estados Unidos e o Canadá aparecendo acima da média, com 18,2%, e outras nações em desenvolvimento indo de 1,5% (Romênia) ao pico de 34,6% (Coreia do Sul). Quando os trabalhadores autônomos entram na medição, os Estados Unidos lideram a lista com uma disparidade salarial entre homens e mulheres de 56%, e a Nova Zelândia e o Canadá estão para 33,9 e 34,9%, respectivamente.[103]

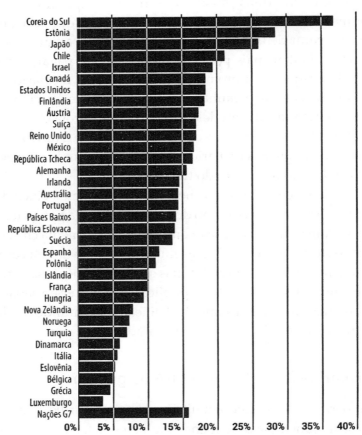

OS BENEFÍCIOS MAIS AMPLOS   167

Conforme a segunda década do século XXI chega ao fim, estamos trabalhando a partir da posição vantajosa de termos identificado a existência de uma lacuna na forma como homens e mulheres são remunerados. Rastreamos os parâmetros dessa lacuna nas indústrias e mercados, e forçamos um reconhecimento de governos, corporações e empregadores de que essa forma de discriminação econômica é materialmente destrutiva para a diversidade da força de trabalho e para os interesses das mulheres e das famílias.

As estatísticas atuais do Reino Unido indicam que não há diferença salarial significativa entre homens e mulheres até os 40 anos (época em que as mulheres se tornam as principais cuidadoras de crianças pequenas e pais idosos). Na meia-idade, há um salto, e a diferença aumenta para 12,8% dos 40 aos 49 anos, e para 15,5% entre 50 e 59 anos.[104] Isso indica que o método de remuneração relacionado ao tempo no escritório, e não à produção, vai inevitavelmente levar à disparidade de salários, mesmo nos casos em que as mulheres sejam tão produtivas quanto suas contrapartes masculinas.

Como encontrar o equilíbrio da produtividade

O foco na produção faz da semana de quatro dias parte da solução. Os padrões típicos de trabalho e as recompensas pelo desempenho dadas pelas corporações impedem que os homens sejam as melhores figuras parentais que podem ser, e dificultam a progressão na carreira das mulheres, que são as principais cuidadoras. Enquanto a abordagem de trabalho baseada no tempo se mantiver como padrão, isso não vai melhorar muito.

Por reconhecerem isso, muitas empresas — embora sem demandar o teste ou adotar uma semana de quatro dias — agora estão se concentrando em melhorar o equilíbrio entre os gêneros, diminuindo as disparidades salariais e oferecendo mais flexibilidade para possibilitar o encaixe das obrigações familiares e dos cuidados infantis. Arranjos de trabalho flexíveis têm permitido que mais pessoas se tornem empregáveis, e os empregadores tiram partido de um conjunto de talentos, com acordos de home office que oferecem trabalho remunerado a mulheres e homens qualificados que cuidam de crianças pequenas. A tecnologia facilita reuniões por chamadas de vídeo e webconferências, e a coesão organizacional pode ser mantida por encontros presenciais periódicos com a equipe.

Receio que exista uma tendência inerentemente *ad hoc* a esses acordos, que em muitos casos se baseiam no argumento de que a flexibilidade em relação *àquele* trabalhador individual beneficiará a companhia. Para os trabalhadores e empresas, é melhor uma abordagem de fato abrangente, que libera parte do tempo de todas as pessoas, definindo um nível básico de produtividade. Isso pode resultar em uma redução direta na desigualdade de gênero no trabalho pessoal e na remuneração profissional. Pode ajudar os casais a encontrar equilíbrio em suas responsabilidades pessoais e a economizar algum dinheiro de cuidado com crianças.

Em particular, a flexibilidade baseada na produtividade remove muitos dos obstáculos que, historicamente, impediram as mulheres de ascenderem aos altos cargos nos negócios e nos governos na mesma proporção que os homens.

Em nossa experiência na Perpetual Guardian, a semana de quatro dias capacitou os funcionários para que tomassem decisões e também lhes deu um patrimônio coletivo do futuro do trabalho. Essa é uma evidência de como esse modelo de trabalho nivela o campo de jogo para todos os trabalhadores, porque a remuneração é negociada de acordo com a produtividade. Diferenças de gênero, etnia, idade e até mesmo histórico profissional são irrelevantes, desde que o trabalhador seja qualificado e competente para a função atribuída.

A semana de quatro dias é uma prova definitiva de que não é necessário recorrer ao sistema gig e aos contratos de trabalho intermitente, correndo o risco de perder proteções aos trabalhadores conquistadas com muito esforço. As empresas que persistem nesse comportamento têm a intenção de drenar o capital humano até a última gota.

Menos estresse, mais produtividade

No início deste livro, discuti as taxas crescentes de doenças relacionadas ao trabalho, incluindo depressão e ansiedade. A chamada cultura da "ralação" e a hiperconectividade, que são produtos da era digital, estão se intensificando à medida que a economia gig cresce. Os trabalhadores temem que seu trabalho ou indústria se tornem obsoletos, e os ambientes de trabalho são tomados por uma energia nervosa coletiva que conduzem as pessoas a situações cada vez mais difíceis. Temos evidências mais do que suficientes de que essa abordagem do trabalho leva ao burnout, desmoraliza a cultura e diminui a produtividade.

No Reino Unido, em 2017/2018, 595 mil trabalhadores sofriam de estresse relacionado ao trabalho, depressão ou ansiedade, e 15,4 milhões de dias de trabalho foram perdidos.[105] O custo humano relacionado a transtornos mentais que podem ser rastreados diretamente às condições do local de trabalho é terrível. É inconcebível. Se você removesse a empatia da equação e considerasse os dados de uma perspectiva econômica, deixar essas condições inalteradas seria uma idiotice.

O teste da Perpetual Guardian reuniu dados que comprovam que os trabalhadores podem ser tão produtivos em 32 quanto em 40 horas, mas menos propensos a doenças relacionadas ao estresse ou a transtornos psicológicos decorrentes do trabalho. Outras empresas experimentando o cronograma semanal de trabalho também têm encontrado provas comparáveis. Embora o programa de produtividade da Versa, agência digital de Melbourne, não seja exatamente como o nosso, já que suas jornadas são um pouco mais longas, ao fechar as portas às quartas-feiras e pedir aos funcionários que trabalhem 37,5 horas nos outros quatro dias, foi observado que as pessoas estão mais felizes, menos estressadas e mais produtivas. O negócio está três vezes mais lucrativo do que era no início de 2018, quando a semana de trabalho mudou, e as receitas cresceram entre 30 e 40%.

A executiva-chefe Kathryn Blackman disse à ABC que entendia por que outras empresas poderiam ser resistentes a uma ideia "radical" como a semana de quatro dias. "Tudo se resume a uma palavra, que é medo. E acho que é o medo de ter que confiar em sua própria equipe — que eles vão fazer a coisa certa."[106]

Você consegue confiar em sua equipe em uma semana de quatro dias de trabalho? Só há uma forma de descobrir. Como no argumento ambiental, a lógica é tão óbvia que dificilmente merece debate: capacite as pessoas para que, dentro do razoável, definam seu próprio horário com base na produtividade, e para que tenham mais tempo disponível para o autocuidado. Ao funcionarem em um nível superior, elas podem acrescentar mais ao trabalho.

Sei que a semana de quatro dias é um grande passo para CEOs que devem justificar a política para diretores e acionistas. Efetivamente, os funcionários recebem um aumento salarial de 20%. O primeiro líder na lista da Fortune 500 que conseguir fazer isso entrará na história corporativa. Mas a verdade incontestável é que faz um enorme sentido para os negócios. Faça um teste e você verá o número de licenças médicas cair, a produção e a lucratividade aumentarem, os pedidos de emprego crescerem e as demissões diminuírem, se não cessarem completamente. As pessoas estarão notavelmente menos estressadas, e o nível do trabalho vai melhorar por toda a empresa.

EM RESUMO

- A diminuição do volume geral de tráfego como resultado da semana de quatro dias pode contribuir para uma redução significativa nas emissões de carbono e na perda da produtividade como consequência dos movimentos pendulares. Os arranjos de trabalho mais flexíveis significam evitar o deslocamento e escapar da hora do rush, ao menos parcialmente.

- A política de produtividade da Perpetual Guardian especifica que cada funcionário que escolher a semana de quatro dias deve doar um de seus dias de folga por trimestre a uma atividade beneficente. Acordos de trabalho flexíveis aumentam o valor social e econômico ao criarem janelas de tempo na rotina do funcionário que poderão ser redirecionadas para organizações sem fins lucrativos e causas nobres.

- A teoria das trocas sociais apoia a ideia de que um trabalhador, a quem é oferecida a semana de quatro dias, é mais propenso a querer fazer um esforço extra em troca do valor reconhecido da flexibilidade no trabalho. O trabalho voluntário se torna parte dessa troca.

- A semana de quatro dias tem potencial para reduzir as disparidades salariais de gênero e criar uma divisão de trabalho mais igualitária entre homens e mulheres, seja na vida pessoal ou profissional.

- A história de Christine Brotherton, diretora de RH que ajudou a desenvolver a política da semana de quatro dias, comprova seus benefícios para figuras maternas que trabalham; ao serem tratadas como trabalhadoras em tempo integral por terem sua produtividade reconhecida, o significado disso é que elas podem trabalhar quatro dias da semana e ainda assim avançar em suas carreiras. Da mesma forma, ajuda os trabalhadores do sexo masculino a serem as melhores figuras paternas que podem ser sem sacrificar a carreira.

- Evidências crescentes mostram que os trabalhadores podem ser tão produtivos em 32 quanto 40 horas, mas são menos propensos a doenças relacionadas ao estresse ou transtornos mentais em decorrência do trabalho.

CAPÍTULO OITO

A importância de ser flexível

BASECAMP: UM TIPO DIFERENTE DE UNICÓRNIO

Oponentes da semana de quatro dias — os do contra e os negacionistas que dizem que o modelo não pode funcionar em várias
indústrias, ou que leva a um impulso de curto prazo seguido de
um retrocesso — podem ser céticos com relação aos efeitos reais
de um cronograma de trabalho baseado na produtividade na saúde
e no bem-estar. Eles não precisam se preocupar. Como demonstra
o Capítulo Cinco, o efeito positivo da semana de quatro dias na
vida, no corpo e na mente de cada um de nossos 240 funcionários
é particular, mas também baseado em evidências, e continuamos
a acompanhar esses parâmetros conforme o programa avança em
seu segundo ano.

O experimento começou com o pressentimento de que nossos
resultados seriam melhores como consequência de termos uma
força de trabalho mais engajada, menos estressada e leal trabalhando quatro dias em vez de cinco. Eu já sabia, por causa da minha
experiência de décadas no topo da pirâmide corporativa, que as
pessoas trabalham melhor quando se sentem empoderadas, enga-
jadas, estimuladas, reconhecidas por suas habilidades e são tratadas
com respeito

A conclusão é que você pode construir uma empresa que gera entre 50 a 70 milhões de dólares anualmente ao mesmo tempo em que é generoso com os trabalhadores. A Basecamp, empresa de software com sede em Chicago, fez isso. Seus 54 funcionários trabalham no máximo 40 horas por semana, e reduzem para quatro dias semanais no verão, de forma que todos podem desfrutar de um fim de semana prolongado, mas seus salários permanecem os mesmos. A lista de benefícios dos funcionários é impressionante: gratuidade em academias e massagens, aluguéis de espaço compartilhado de trabalho colaborativo subsidiado sob consulta, mil dólares por ano para educação continuada, doações beneficentes compatíveis, além de assistência médica de qualidade fortemente subsidiada.

No contexto dos Estados Unidos (sem mencionar os padrões do Vale do Silício), as 16 semanas de licença maternidade e seis semanas de licença paternidade são excepcionais, além de um mês sabático pago a cada três anos de serviço. Todo funcionário pode gastar até 5 mil dólares em férias anuais, e a Basecamp vai cobrir os custos.

Não surpreende que metade dos funcionários — que estão espalhados em vários países e, em sua maioria, trabalham por conta própria — estejam na companhia há mais de cinco anos. Todos fazem o registro de entrada no aplicativo da Basecamp para planejar seu trabalho a cada manhã e entregar relatórios no fim do dia, e também compartilham atualizações pessoais sobre fins de semana e atividades em família. Duas vezes por ano, a empresa leva todo o pessoal para Chicago por uma semana.

Ao escrever sobre a Basecamp em seu livro *Lab Rats*, o autor de tecnologia Dan Lyons enfatiza o quão incomum é a Basecamp entre as empresas do mesmo tipo. Os fundadores gostam de começar o trabalho às 9h30, e não querem ser uma empresa de trezentas pessoas. "Só queríamos construir uma empresa em que gostaríamos de trabalhar."

Um dos fundadores, David Heinemeier Hansson, desenhou um valioso web framework que oferece gratuitamente como um produto

A IMPORTÂNCIA DE SER FLEXÍVEL

de software aberto; o outro, Jason Fried, conta a Lyons sobre o tom desdenhoso de alguns habitantes do Vale do Silício: "Eles falam que somos fofos, temos uma empresa com um estilo de vida fofo... Nosso pessoal é mais feliz. Todos passam tempo com suas famílias... As pessoas me dizem: "Steve Jobs não poderia ter construído a Apple se tirasse as sextas-feiras de folga'. Bem, eu não estou tentando construir a Apple. E não ligo para o que o Steve Jobs fez."

O equilíbrio entre trabalho e vida pessoal enraizado na cultura da Basecamp é apoiado por uma premissa simples de produtividade. Cada empregado deve ter oito horas de trabalho ininterrupto todos os dias e, então, o dia de trabalho deve terminar. Ninguém precisa de oitenta horas, diz Hansson.

Os fundadores da Basecamp não se propuseram a administrar um promissor programa de quatro dias semanais, mas criaram uma cultura com todas as características de um. A tecnologia é usada para apoiar a colaboração e a eficiência no trabalho, enquanto distrações são minimizadas. No escritório principal em Chicago, a aplicação de "regras de biblioteca" mantém o silêncio. Os funcionários recebem ferramentas e benefícios para aplicarem toda sua energia mental às tarefas. Os líderes cultivaram uma cultura baseada na confiança e na comunicação aberta; eles nem sequer acompanham as horas que cada trabalhador dedica ao trabalho.

Hansson e Fried são a antítese dos plutocratas para quem Nick Hanauer emitiu seu aviso de que "o proletariado vem aí", atrás de quem não abordar o aumento da desigualdade. Eles poderiam estar buscando o mesmo status da Apple, mas em vez disso buscavam um tipo diferente de excepcionalidade. Lyon escreve:

> Esses caras não querem ser o próximo Mark Zuckerberg... Eles investem muito tempo incentivando aspirantes a empreendedores a adotar uma abordagem mais saudável para operar uma empresa. O início de tudo é tratar bem os funcionários e cuidar deles. O que também significa cuidar de si mesmo. Trabalhar menos horas. Evitar o estresse. Encontrar a felicidade.[107]

TOTALMENTE FLEXÍVEL

Ao longo deste livro, falei sobre a semana de quatro dias no contexto de políticas de flexibilidade, que podem tomar dezenas de formas dentro do que em geral são caracterizados como acordo de trabalho flexível (ATFs).

Qualquer desvio da semana de trabalho padrão é considerado um ATF. Conforme observou o artigo da UC Davis, as duas principais categorias são flexibilidade em relação ao *local* onde o trabalho é realizado (por exemplo, no escritório ou em casa), e a *quando* o trabalho é realizado (por exemplo, em que horário e em quais dias). Outro desvio é o trabalho em tempo parcial, ou seja, trabalhar regularmente menos de 40 horas por semana. Funcionários podem desejar trabalhar menos horas para ter tempo para outras atividades, como cuidar da família ou estudar. Os empregadores talvez queiram uma força de trabalho mais flexível para aumentar a quantidade de horas em que sua empresa está disponível para seus clientes ou para aumentar o número de funcionários na empresa quando a demanda atinge o pico.

Na literatura sobre acordos de trabalho flexível no mundo desenvolvido, os ATFs podem incluir desde trabalhos de fim de semana a trabalhos em turno, hora extra, contratos de horas anuais, trabalho em meio período, compartilhamento de trabalho, trabalho temporário/ocasional, contratos de prazo fixo, home office, teletrabalho e semanas compactas de trabalho. Até o teste da Perpetual Guardian, não havia exemplo amplamente conhecido de empresa que reduziu as horas de trabalho e manteve o pagamento integral com a assistência de pesquisa independente.

A teoria de suporte dos ATFs, baseada em relatórios internacionais e estudos sobre motivação e produtividade do trabalhador, é que dar às pessoas mais tempo para gerenciar suas responsabilidades pessoais as energizará para a vida profissional. Há evidências crescentes de que tais acordos mutuamente benéficos entre empregadores e empregados (que fornecem opções alternativas em

A IMPORTÂNCIA DE SER FLEXÍVEL

relação a quando, onde e quanto alguém trabalha) têm impactos psicológicos, sociais e econômicos mensuráveis.

Ao serem analisados com base nos custos brutos, a conclusão é que os ATFs podem reduzir os custos operacionais. Permitir que as pessoas trabalhem algumas vezes fora do escritório reduz os requisitos de espaço e as despesas gerais. Se um funcionário que está com um filho doente receber permissão para trabalhar em casa enquanto cuida da criança, ele não precisará tirar uma licença do trabalho.

O perigo da inflexibilidade é que os trabalhadores usem a licença de maneira fragmentada para cumprir suas responsabilidades pessoais, e o custo disso é que não têm um período adequado de férias que lhes dê tempo para descansar e recarregar. Os acordos ATFs significam que a empresa vai preservar o benefício de funcionários descansados que retornam ao trabalho após férias anuais.

De fato, descobriu-se que padrões não convencionais de trabalho estão relacionados à diminuição da rotatividade no setor privado, e que trabalhar fora do escritório está relacionado a um melhor desempenho e à redução do absenteísmo. De maneira geral, o absenteísmo é menos comum em ambientes cujos gerentes apoiam as necessidades de flexibilidade de seus funcionários, porque os funcionários têm a capacidade de trabalhar mais horas (de maneira flexível) sem que o conflito entre o trabalho e a vida pessoal se torne um problema.

Nos Estados Unidos, a Deloitte contabilizou, em um único ano, devido à disponibilidade de ATFs, uma redução de custos de 41,5 milhões de dólares em relação ao faturamento.[108] No que se refere ao recrutamento, uma pesquisa com 1.500 trabalhadores estadunidenses concluiu que quase um terço deles considerava a flexibilidade o aspecto *mais importante* em uma oferta de emprego.[109] Além disso, 80% dos gerentes em um estudo transversal indicaram que as ofertas de flexibilidade fizeram a diferença no recrutamento dos maiores talentos.[110]

A satisfação é um tema associado à flexibilidade, como informa a pesquisa Deloitte: 84% dos clientes estão satisfeitos ou muito sa-

178 A SEMANA DE QUATRO DIAS

tisfeitos com o serviço prestado pelos funcionários sob acordos de trabalho flexíveis, e apenas 1% estava insatisfeito.

Também é assim para os próprios trabalhadores. A pesquisa anual da JP Morgan Chase com os funcionários concluiu que os empregados com a opção da flexibilidade eram muito mais propensos a relatar satisfação geral do que os que sentiam não ter acesso à flexibilidade.[111] Dados da Nova Zelândia sobre ATFs mostram que esses acordos auxiliam nos resultados dos funcionários associados a comprometimento organizacional e satisfação no trabalho — e esta última é um indicador dominante do desempenho no trabalho.[112]

Há evidências de que a ideia de flexibilidade é recebida, de forma geral, como um fator benéfico para uma empresa. Um estudo publicado no *Wall Street Journal* sobre o impacto nos lucros de empresas listadas na Fortune 500 concluiu que os preços das ações das empresas subiram em média 0,36% na sequência de anúncios relacionados a iniciativas de flexibilidade.[113] Quando foram avaliados ambientes de trabalho com ATFs estabelecidos, os pesquisadores também encontraram uma associação positiva entre a disponibilidade de ATFs (tanto trabalho remoto quanto flexibilidade de horário) e desempenho financeiro a longo prazo.

O boom previsto pelo trabalho flexível poderia contribuir em 10,04 trilhões de dólares para a economia global até 2030, de acordo com o primeiro estudo socioeconômico abrangente sobre mudanças das práticas de trabalho. A participação da Nova Zelândia será significativa em relação ao tamanho e desempenho de sua economia; espera-se um aumento entre 16,2 e 18,1 bilhões de dólares neozelandeses, especialmente em vários setores-chave, e a geração de 74 mil a 83 mil empregos adicionais. A análise, encomendada pela Regus (parte do grupo de empresas IWG) e conduzida por economistas independentes, estudou 16 países-chave para a investigação do modelo de trabalho flexível a partir de agora, até 2030.[114]

Está evidente que não é preciso ir muito longe para argumentar a favor dos ATFs, seja por qual motivo for — econômico, ambiental, social ou humano. As pessoas precisam ter mais tempo para se exercitar, ler, cozinhar, encontrar amigos, retomar hobbies que caíram no esquecimento anos atrás. A equipe me contou que isso mudou suas vidas, e nós pudemos identificar pelos nossos dados a mudança ocorrida em sua saúde e em sua satisfação pelo trabalho.

De volta à teoria das trocas sociais, os líderes empresariais que têm uma grande quantidade de funcionários com salários mínimos ou salários baixos não deveriam subestimar a boa vontade que despertariam — dentro e fora dos negócios — a partir de uma nova estrutura de trabalho que disponibiliza a todos um salário, no mínimo, digno. Funcionários que recebem um dia de folga a cada semana ficam propensos, conscientemente ou não, a exceder os resultados acordados, o que faz do modelo da semana de quatro dias potencialmente mais produtivo do que o da semana de cinco dias. O valor de dar às pessoas tempo para investir em si mesmas nunca será superestimado.

A DOR DE CABEÇA DA APOSENTADORIA

Uma vantagem extraordinária — e, eu diria, essencial — da semana de quatro dias e de outras políticas de flexibilidade é a sua capacidade de ajudar a refinar a abordagem da aposentadoria, das férias, das licenças médicas e do salário mínimo no mundo desenvolvido, e de uma forma que pode acomodar e até compensar as pressões provocadas pela colisão das populações envelhecidas com a Quarta Revolução Industrial. Sem esse refinamento, a atitude despreocupada, que não assume responsabilidades, dos empregadores da economia gig ameaça destruir o intricado tecido de proteções sociais que acompanha o trabalho organizado há décadas.

Na raiz das iminentes crises orçamentárias da maioria dos países desenvolvidos, está o crescente ônus da previdência — também conhecida como aposentadoria — e dos custos da saúde, que au-

180 A SEMANA DE QUATRO DIAS

mentam conforme os *baby boomers* se aposentam. Alguns países — e a Austrália é um exemplo notável — demonstraram ser capazes de uma impressionante previsão ao estabelecer um sistema de pensão de contribuição obrigatória em que a quantia de direito está relacionada ao valor acumulado na conta previdenciária.

Outras nações (como a Nova Zelândia, cujo flerte com a contribuição compulsória para a aposentadoria durou apenas 37 semanas, na década de 1970) ainda se debatem com os benefícios definidos pelo patrimônio, em que os direitos de aposentadoria estão relacionados ao salário anual, e não a quaisquer contribuições feitas para financiá-lo.

Para a Nova Zelândia, uma democracia liberal com uma grande população de *baby boomers* e uma rede substancial de segurança social, o custo diário da aposentadoria deverá aumentar dos atuais 30 milhões de dólares neozelandeses para 98 milhões de dólares neozelandeses em 20 anos.[115] Não há nada no orçamento nacional que corresponda a esse aumento, que supera o PIB de crescimento e até a taxa cada vez maior de gastos em saúde pública. A difusão da semana de quatro dias possibilitaria que uma parte do trabalho de cuidar das populações idosas fosse cumprida pelas famílias, de forma a reduzir o custo bruto para o estado. De outra forma, o governo e os contribuintes terão de arcar com todo o ônus.

O Kiwi Saver, um plano de aposentadoria voluntário iniciado em 2007 e aprovado pelo governo da Nova Zelândia, não pode fazer muito para compensar esse impacto. Para trabalhadores horistas ou assalariados, o sistema atribui a taxa de contribuição padrão em 3% do salário bruto (comparado com o mínimo de 9,5% na Austrália)[116], e até que as mudanças fossem introduzidas em abril de 2019, os poupadores eram autorizados a tirar "férias das contribuições" de até cinco anos. Cerca de 135 mil neozelandeses estão atualmente nessa categoria.[117]

É evidente que um plano de aposentadoria tradicional, não transferível, não funciona em uma era de contratos de curto prazo, com pessoas trabalhando em vários empregos. Um realinhamento direto, adequado para os modelos do século XXI, possibilitaria que todas as funções temporárias contribuíssem para a previdência pessoal de cada trabalhador, e seu número de referência seria fornecido a todos que dessem a esse trabalhador qualquer forma de emprego, seja gig ou não. Essa referência seria um identificador padrão já relacionado a esse trabalhador, como um número de previdência social ou de imposto.

A partir dessa base, todos os contratos de emprego (incluindo os "contratos independentes" do mundo gig) poderiam exigir uma porcentagem definida a ser paga à previdência individual pelo empregador. O exemplo australiano comprova que esse tipo de contribuição obrigatória definida pode, quando implementada com a devida antecedência, renovar a economia relativamente depressa, sem estresse indevido. A transição pode acontecer sem problema quando todos os empregadores são obrigados a cumprir as regras, e o efeito é percebido e absorvido em todas as indústrias de uma só vez.

Com esse realinhamento, todos os trabalhadores, inclusive os da economia gig, terão pelo menos alguma provisão pessoal para o futuro que não pode ser arbitrada, contornada ou removida pelo uso de contratos gig. Se a semana de quatro dias não pode, pelo menos em um futuro próximo, se tornar uma realidade difundida nas economias desenvolvidas, o futuro financeiro dos trabalhadores pode e deve ser sustentado por uma abordagem justa e abrangente da poupança previdenciária.

Ao mesmo tempo, uma vez que, de uma perspectiva de custos, o incentivo é reduzido para que os empregadores usem o gig, a consequência é o aumento da pressão sobre os empregadores para que busquem oferecer flexibilidade dentro da estrutura de um contrato de trabalho convencional no intuito de atender à demanda de trabalho flexível dos funcionários de hoje. Espero que isso impulsione a difusão da adoção da semana de quatro dias.

VIVENDO O SONHO

Em face de tudo isso, por que a história da Perpetual Guardian significaria alguma coisa? Afinal, somos 240 pessoas entre as bilhões que existem no mundo. Mas nós fizemos esse pequeno experimento, e tudo melhorou em nosso cantinho do planeta. Se vocês extrapolarem o sucesso de nossa empresa para a comunidade, o potencial é enorme.

Só começamos a ter esse pressentimento no dia em que anunciamos o teste, quando nossa equipe estava se encaminhando para reuniões em carros de marca e as pessoas acenavam para eles. Em seguida, os e-mails começaram a chegar. Jornalistas queriam saber o que estávamos fazendo. Líderes empresariais e trabalhadores perguntavam como estávamos fazendo isso, e começaram as conversas sobre a semana de quatro dias em suas próprias empresas. Depois disso, mais pessoas começaram a se interessar por nós como potenciais clientes do negócio.

Comece com nossa empresa e vá mais longe. E se algumas das maiores companhias da Nova Zelândia, empregadoras de mais de mil pessoas, redirecionassem o foco para a produtividade e reduzissem a semana de trabalho para 32 horas com base no que os funcionários produzem? Se um grande banco ou empresa de telecomunicações fez seu dever de casa, estabeleceu as condições e realizou um teste que respaldou os trabalhadores com relação à produção, isso seria um sucesso global. De um ponto de vista cultural, isso mudaria completamente o jogo, e seria o empurrão de que precisamos desesperadamente para transformar o mundo do trabalho em um modelo do século XXI que atenda às exigências econômicas e às necessidades humanas de maneira igualitária.

A semana de quatro dias daria às pessoas uma vantagem de tempo que as prepara para serem bem-sucedidas em um mundo em transformação. Em vez de temer que seu trabalho se torne obsoleto, ou que sua indústria seja tomada por inteligência artificial, elas podem usar seu tempo extra para treinar e aprender novas

A IMPORTÂNCIA DE SER FLEXÍVEL

habilidades. Talvez, ainda mais importante, isso possa afetar a epidemia que aflige trabalhadores no mundo todo. Na Nova Zelândia, uma a cada cinco pessoas na força de trabalho sofre de depressão, ansiedade, síndrome do pânico ou alguma outra condição que afeta a saúde mental. Conforme demonstram os dados do Reino Unido, o estresse relacionado ao trabalho é uma das principais causas e um fator determinante dos transtornos de saúde mental.[118]

A energia e o espaço aéreo já atribuídos à semana de quatro dias é a prova da sua necessidade. Desde as empresas do mundo inteiro nos procurando, com curiosidade e aprovação, até o pedido de aconselhamento do governo australiano aos seus serviços públicos e aos sindicados do Reino Unido que citaram explicitamente a semana de quatro dias como uma inspiração — a conjuntura está sendo construída na direção de mudanças legislativas que rompem com o antigo molde rígido dos cinco dias da semana, de 9h às 17h.

Da minha posição estratégica em um canto afastado do mundo, posso ver o pêndulo girar ao redor do globo, conforme o pensamento começa a mudar nos mais altos níveis de negócios e governos. Quando eu quero me lembrar do verdadeiro significado da semana de quatro dias, penso em uma figura parental que conseguiu pegar sua criança na escola pela primeira vez; na mãe solo que economizou centenas de dólares em creche e pôde passar mais tempo com o filho; e no adorável jovem casal que decidiu ter um bebê.

EM RESUMO

- O exemplo da empresa estadunidense de software, Basecamp, comprova que capitalização significativa de mercado e rotatividade anual de milhões de dólares podem andar de mãos dadas com arranjos generosos para os trabalhadores, incluindo a flexibilidade.

- Há evidências crescentes de que acordos de trabalho flexível, como contratos mutuamente benéficos entre empregadores e empregados (fornecendo alternativas em relação a quando, onde e quanto uma pessoa trabalha), têm impactos psicológicos, sociais e econômicos mensuráveis — desde a redução nos custos operacionais da empresa a crescimento na satisfação do cliente e do funcionário.

- Os antigos fundos de pensão estão ameaçados por um modelo de economia que contorna os direitos estabelecidos pelos trabalhadores; uma semana de quatro dias pode compensar esse risco ao oferecer flexibilidade juntamente com as proteções padrão aos trabalhadores, assim como um realinhamento da legislação para garantir que todos os empregadores e trabalhadores, do sistema gig ou não, recebam o suporte necessário para manter as contribuições para a aposentadoria.

- A semana de quatro dias é um modelo de trabalho que pode atender igualitariamente às necessidades humanas e econômicas do moderno mundo desenvolvido, preparando as pessoas para serem bem-sucedidas no trabalho e no restante de suas vidas.

CAPÍTULO NOVE
Os obstáculos

O LADO CERTO DA LEI

Ao projetar a semana de quatro dias, fomos forçados a pensar criativamente. A imaginação com um pouco de aconselhamento jurídico eram a única maneira como poderíamos superar a inadequação da Employment Relations Act 2000, a legislação atual que rege a maneira como as pessoas trabalham na Nova Zelândia. Para ser mais específico, foi preciso realinhar nosso programa para cumprir a seção 67C, que é prescritiva em relação à carga horária normal de trabalho, horários de início e término, dias da semana designados para o trabalho, e — em uma explosão surpreendente de talento legalista — "qualquer flexibilidade" em relação aos assuntos supracitados.[119]

Após uma avaliação cuidadosa, essa referência tentadora se provou enganosa; na prática, a abordagem da lei ao horário de trabalho não facilitou a adoção de um sistema de horas de trabalho flexíveis. Suspeito que esse seja o caso da maioria das leis trabalhistas do mundo, que se baseiam em horas "trabalhadas", e não em produtividade.

Nossa solução criativa foi o modelo de adesão. Isso exige que o funcionário escolha ativamente a semana de quatro dias — ele não pode ser forçado a isso — e permite à empresa o poder de retirar o "presente" se o funcionário não mantiver seu lado da barganha.

186 A SEMANA DE QUATRO DIAS

Esse modelo — o presente e o potencial de voltar atrás se o funcionário não fornecer os resultados de produtividade acordados — cimenta uma compreensão geral de que mudanças de comportamento e de processo devem ser introduzidas e mantidas para que o programa seja bem-sucedido, e os funcionários têm o direito e a responsabilidade de chamar a atenção para qualquer fator fora de seu controle que prejudique sua capacidade de cumprir sua parte no contrato.

Este é o principal obstáculo externo à adoção generalizada da semana de quatro dias pelos líderes empresariais: em nenhum lugar do mundo esse modelo é explicitamente obrigatório, ou mesmo previsto, em qualquer legislação trabalhista. Não tínhamos precedentes a seguir ao propor o modelo da semana de quatro dias a longo prazo na Perpetual Guardian, e foi necessário garantir que, ao fazer a coisa certa pelos nossos funcionários, que provaram coletivamente a validade da semana de quatro dias na fase de teste, não acabaríamos faltando com a lei.

Contactamos dois grandes escritórios de advocacia da Nova Zelândia. Pedimos a cada um deles que nos desse uma opinião legal a respeito da nossa política de produtividade pretendida. Em particular, queríamos entender como a empresa poderia se reservar o direito de remover a "semana de produtividade", como nos referíamos internamente à nossa política da semana de quatro dias, sem que houvesse uma repercussão.

Em um resumo de sua opinião legal, uma das empresas disse:

> A Perpetual Guardian poderá manter a flexibilidade [em seu direito de retirar o modelo opcional da semana de quatro dias] ao garantir que os documentos explicativos sejam explícitos ao conservar o sigilo, gerenciar as reproduções feitas durante o recrutamento, monitorar as práticas para evitar o surgimento de padrões inúteis e justificar qualquer decisão para remover a política.

OS OBSTÁCULOS   187

Era responsabilidade de nossa liderança que a política não se tornasse o padrão dos termos contratuais dos nossos funcionários, algo que não pudesse ser desfeito.

Isso foi crucial, pois é intrínseco ao modelo da semana de quatro dias o direito do "proprietário" — o(s) responsável(is) pelas decisões da empresa — de retirar ou suspender a política em qualquer momento, caso haja falha em cumprir as condições acordadas individualmente com os funcionários. Ao oferecer o "presente" da semana de quatro dias aos trabalhadores que optarem por aceitá-lo e que cumprem de maneira consistente com os termos, foi preciso garantir que a política não era parte de nossos acordos empregatícios.

Pode parecer contraintuitivo, mas a forma que encontramos para fazer a semana de quatro dias funcionar dentro dos limites da atual legislação da Nova Zelândia foi manter inalterados os termos e condições do emprego, incluindo remuneração, e preservando as horas oficiais de trabalho sob o modelo padrão de tempo integral.

Ao deixar os contratos de trabalho individuais inalterados em relação à semana de cinco dias, pudemos garantir que os funcionários continuariam acumulando dias de férias e outros direitos a um ritmo normal — isto é, de período integral. Os funcionários que optaram pela semana de quatro dias assinaram um formulário de adesão que declarava suas obrigações e os deveres da empresa sob o novo modelo de longo prazo.

Da perspectiva dos líderes e diretores da empresa, nossa abordagem às questões legais e contratuais foi um avanço, e de um tipo bastante informado. Tínhamos nos protegido do risco legal ao projetar um novo programa de adesão que complementou, embora sem alterar ou substituir, os contratos de emprego, e tínhamos deixado uma "saída" para o caso de a semana de produtividade não funcionar tão bem a longo prazo quanto o teste.

A desvantagem dessa abordagem foi que os principais termos dos contratos não mudaram — fomos obrigados a acumular férias com base em uma semana "normal" de cinco dias. Com efeito, es-

188 A SEMANA DE QUATRO DIAS

távamos acrescentando quatro dias de folga aos 40 que estávamos presenteando à nossa equipe por ano.

Este, obviamente, é um exemplo de como a rigidez da legislação trabalhista restringe a capacidade das empresas de tentarem fornecer maior flexibilidade — e, no nosso caso, até as penaliza por tentar!

Enquanto escrevo, legisladores no mundo desenvolvido não estão agindo abertamente para facilitar novos modelos de trabalho como a semana de quatro dias. É provável que a maioria das empresas que opta por replicar nossos métodos vá precisar seguir um processo comparável em relação à sua própria proteção legal, delimitando os direitos existentes de seus trabalhadores.

Surpreende pouco que os legisladores não estejam reagindo de maneira oportuna às necessidades do ambiente de trabalho moderno. O fracasso dos legisladores em agir conforme muitas empresas de tecnologia que atropelam as regulamentações existentes, indica que a maioria deles ainda não reconhece a necessidade de intervenções mais ativas para proteger os direitos dos trabalhadores. Da mesma forma como aconteceu nas primeiras eras industriais, as empresas mais arrogantes em relação às regras do trabalho são as que começam a reinventá-las, e as titãs da tecnologia se tornaram exploradoras entusiasmadas do trabalho gig — a encarnação definitiva da atual fusão entre trabalho e digitalização.

No entanto, há alguns sinais de crescimento da defesa contra a *in*flexibilidade e o desequilíbrio entre o trabalho e a vida pessoal, como a lei estadunidense de 2017, The Schedules That Work Act, que protege trabalhadores que solicitam alterações de horário, assim como os que estão em indústrias conhecidas por suas jornadas instáveis e imprevisíveis;[120] e o acordo de 2018 entre a maior associação sindical da Alemanha, a IG Metall, e um grande grupo de empregadores para iniciar uma semana de trabalho opcional de 28 horas com 900 mil trabalhadores das indústrias elétricas e metalúrgicas.[121]

A reclamação em relação à "vitória" da IG Metall para os trabalhadores é que isso traz um fardo difícil para as empresas suportarem, em especial uma vez que essa semana de 28 horas, 20% a menos do

OS OBSTÁCULOS 189

que as 35 horas da semana padrão, traz uma possibilidade que se estenderá, com o passar do tempo, a outras indústrias. Nesse caso, sua diferença em relação ao modelo da Perpetual Guardian será mais amplamente sentida; embora os membros da IG Metall que optarem pela semana de trabalho reduzida tenham a chance de ser recompensados por um melhor equilíbrio entre o trabalho e a vida pessoal, eles só serão remunerados pelas horas trabalhadas.

É seguro supor que os empregadores sindicais e industriais tenham apostado nos efeitos da produtividade em uma semana mais curta ao reduzir a remuneração, e ao concordarem que a semana mais curta só seria oferecida por até dois anos, após os quais os trabalhadores devem retornar à semana de 35 horas.[122] Embora essas indústrias, e a economia alemã em geral, continuem a entregar altas taxas de produtividade, isso deve ser atribuído ao grande investimento feito no passado em tecnologias, e não a uma melhoria na produção real de trabalhadores individuais.

De fato, devemos nos questionar se há evidências de que alguma política de horas semanais reduzidas, legislada ou negociada, seja eficaz para aumentar a produtividade ou o engajamento se não estiver condicionada a essas melhorias. Sem condições explícitas, como parar hábitos e padrões de trabalho prevalecentes que inibem a produtividade se eles continuam sem ser demarcados? Há poucos benefícios para uma empresa se uma semana de trabalho mais curta continuar a incluir ineficiência institucionalizada e horas por dia surfando em mídias sociais, em reuniões prolongadas e outras atividades improdutivas. Nessas circunstâncias, é quase inevitável que a produção caia e a política seja abandonada.

Conforme os direitos trabalhistas evoluíam, desde a Primeira Revolução Industrial até os dias de hoje, nunca incluíram cláusulas específicas para a flexibilidade. Se uma empresa quiser oferecê-la, na maioria dos contextos jurisdicionais, precisa passar por malabarismos complexos e muitas vezes dispendiosos para encontrar um modo legal de "dar de presente" qualquer tempo de folga que não seja exigido ou permitido na legislação trabalhista.

190 A SEMANA DE QUATRO DIAS

Esta é uma reflexão interessante: passamos muito tempo pensando nos direitos trabalhistas e defendendo-os, mas por que nunca pensamos nos direitos que proprietários e líderes de empresa têm de estabelecer em termos de emprego que são mais compassivos e melhores, de maneira geral, para seus funcionários, mas se encontram fora da iniciativa da lei?

LIBERTE SEU ESCRAVIZADO ASSALARIADO

Sempre me pareceu irônico que as pessoas condenassem produtos feitos com mão de obra infantil ou trabalhadores com salários muito baixos, mas, quando se trata de comprar um lanche ou conseguir um transporte, as mesmas pessoas valorizam a conveniência e os custos acima dos direitos de seus compatriotas. O trabalho assalariado análogo à escravidão pode ocorrer de muitas formas e, mesmo que não haja correntes ou chicotes à vista, os trabalhadores mais desprotegidos podem, contudo, se encontrar agrilhoados.

O trabalho gig é uma armadilha da qual os trabalhadores lutam para se libertar, em grande parte porque nesse sistema é difícil criar um impulso financeiro, e porque não existem oportunidades para melhorar as habilidades e se aperfeiçoar, isto é, não há progresso na carreira. Por outro lado, a semana de quatro dias oferece todas as vantagens esperadas de um emprego permanente, incluindo a oportunidade de desenvolvimento profissional e educação continuada, além da flexibilidade, que é o principal fator de expansão do gig.

Há evidências crescentes de que a armadilha do gig está cada vez maior, engolindo sempre mais força de trabalho, particularmente pessoas jovens e novos migrantes que talvez não tenham um histórico de trabalho no país adotado. Mas a libertação dos escravizados assalariados começa com a observação do que governa o trabalho; isto é, os empregadores que estão obedecendo à legislação trabalhista tradicional.

OS OBSTÁCULOS

Do mesmo modo, a semana de quatro dias só pode se tornar um pilar no futuro do trabalho se os legisladores modificarem as leis existentes a fim de que se tornem adaptáveis a uma variedade de políticas de flexibilidade. Tais políticas podem ser desejáveis para os muitos empregadores que veem as recompensas potenciais das semanas de trabalho mais curtas com foco mais intenso na produção.

Em resumo, se queremos criar liberdades apropriadas no trabalho enquanto reforçamos as responsabilidades assumidas por trabalhadores e empregadores, os modelos legislativos existentes devem mudar de maneira abrangente em todos os países.

O principal objetivo da legislação trabalhista deve ser estabelecer princípios em vez de prescrições, e criar espaço para empregadores e funcionários concordarem em termos flexíveis que beneficiam ambas as partes. Detratores da semana de quatro dias ou de outros modelos de trabalho flexível podem sugerir que as cláusulas relacionadas à flexibilidade enfraquecem a legislação trabalhista, mas esse é um falso argumento, e de um tipo circular. Na prática, o atual tom prescritivo de grande parte da legislação mina a economia e a força de trabalho ao criar uma oportunidade para que empregadores e empresas contornem as disposições legislativas, mas permaneçam dentro da lei usando contratos gig.

Afirmo que, uma vez que as taxações apropriadas para aposentadoria e férias anuais e licenças médicas forem acrescidas a todos os contratos, com as proteções de salário mínimo embutidas, diminuirá a tentação para que os empregadores contratem por fora da legislação trabalhista. Os trabalhadores não ficarão mais desprotegidos de forma alguma, e todos os empregadores compartilharão a mesma responsabilidade por proteger sua força de trabalho. As empresas terão mais margem de manobra para alcançar termos mutuamente vantajosos com os trabalhadores, e nenhum negócio carregará um fardo injusto enquanto outros fogem alegremente ao perímetro da lei.

Podemos criar uma estrutura que permita o máximo de flexibilidade, de modo a garantir o básico, e que as proteções arduamente conquistadas para o bem social permaneçam em vigor para todos os trabalhadores. Não deveria haver debate sobre o dever dos governos de cuidar de seus cidadãos. As pessoas devem receber a oportunidade de ser remuneradas em um nível que ofereça um padrão mínimo de qualidade de vida, de forma a terem o suficiente para a aposentadoria, possíveis doenças e lesões, para que não haja pressão financeira indevida sobre indivíduos ou empresas, agora ou no futuro.

Muitos governos, do passado e do presente, são culpados por empurrar com a barriga todos os tipos de problemas, porque a solução é complicada ou cara, ou simplesmente desagrada o eleitorado. Nenhum eleitor deveria autorizar seus líderes políticos a negligenciar qualquer ameaça aos direitos dos trabalhadores, porque, no mínimo, os futuros problemas fiscais decorrentes de não garantir que os nossos cidadãos tenham uma salvaguarda financeira adequada na forma de aposentadoria ou licenças remuneradas terão que ser arcados por todos os contribuintes.

Os mais afetados serão os *millennials* e a Geração Z, as mesmas gerações que viram a tradição dos contratos de trabalho serem substituídas pelo modelo de atuação independente. Se eles tinham alguma esperança de acumular bens pessoais comparáveis com os obtidos pelos *baby boomers*, a geração mais próspera da história, a reformulação das regras de trabalho pelos poderosos proprietários de empresas gig está acabando com ela.

Como podemos corrigir a legislação trabalhista típica a fim de delimitar os direitos e ao mesmo tempo permitir a flexibilidade? Primeiro, a lei não pode ser excessivamente prescritiva quanto aos horários normais de início e término do trabalho, ou em relação ao que constitui uma semana de trabalho "normal". Nas sociedades modernas e plurais, a santidade do domingo como dia de descanso diminuiu, e há um argumento válido de que, embora a legislação possa definir uma semana de trabalho normal (digamos, cinco dias das 8h30 às 17h), as pessoas deveriam ter liberdade para escolher trabalhar fora desses horários.

OS OBSTÁCULOS 193

Na prática, em ambientes não sindicalizados, ou sujeitos a acordos de negociação central, as empresas podem contornar as cláusulas relacionadas às horas de trabalho usando contratos a fim de evitar, por exemplo, sobretaxas de fim de semana. Portanto, por que não permitir que as pessoas optem por trabalhar em horários fora do padrão dentro das proteções legais, tanto no que se refere à duração de um dia de trabalho quanto de uma semana de trabalho?

Dessa forma, os trabalhadores poderão escolher, em uma economia gig, quando e onde trabalham, sem abrir mãos dos benefícios legítimos de um emprego. Contratos com horários de trabalho definidos, incluindo finais de semana, poderão ser oferecidos, mas, se não houver trabalhadores suficientes, talvez sejam necessários incentivos financeiros adicionais, como sobretaxas. O empregador precisará dar um pouco mais para obter mais — o resultado mais provável de uma cláusula de flexibilidade na legislação trabalhista do mundo real é uma disputa suave entre os negociadores que não coloca muito poder nas mãos de nenhuma das partes.

A conclusão é que os empregadores e os funcionários devem ser livres para implementar condições de trabalho flexíveis que sejam mais justas e mais benéficas do que o mínimo estabelecido na legislação. Se quisermos genuinamente abordar a produtividade econômica e as questões sociais associadas à forma como trabalhamos, a prioridade de emenda deverá consistir em estabelecer os termos básicos, como os horários de início e fim, e a duração da semana de trabalho (sujeita a um número máximo de horas semanais), ajustável por acordo.

Se não conseguirmos adaptar nossa legislação trabalhista para fins específicos, a economia gig crescerá sem controle, e prevejo que mais empresas que confiam nos acordos de emprego tradicional serão seduzidas pela promessa nebulosa da estratégia "Agile" baseada em contratos. Um outro nome para o gig, a mania Agile tem poucos benefícios sociais aparentes e, se aplicado amplamente e com entusiasmo passageiro por CEOs equivocados e diretores de

RH, o sistema ameaça enfraquecer e desmantelar todas as proteções trabalhistas que a semana de quatro dias foi projetada para fortalecer.

CONSCIÊNCIA DO CONSUMIDOR

Governos de todo o mundo enfrentam o problema de como equilibrar a necessidade de acolher as empresas de base tecnológica do século XXI e, ao mesmo tempo, reconhecer aquelas que, a partir de regulamentações ou legislações negligentes e desatualizadas (ou por causa de uma mentalidade sem amarras de startup) estão criando desafios sociais e econômicos. Este livro explora o papel da semana de quatro dias em influenciar possíveis mudanças para melhoraras práticas corporativas e de emprego, mas eu seria descuidado se deixasse os consumidores de fora. Eles também têm um papel importante a desempenhar para garantir que o futuro do emprego funcione para a maioria, e não apenas para alguns.

Como usuários de produtos e serviços, compartilhamos a responsabilidade de avaliar se as empresas que patrocinamos estão operando eticamente e julgar como elas se comportam com seus funcionários ou contratados, suas comunidades e o meio ambiente. No início deste livro, aleguei que a conveniência é o ópio do povo no século XXI — então, quantas de nossas decisões de compra são motivadas pelo desejo de menor preço e gratificação imediata? Com que frequência temos o bom senso de optar pelo preço mais alto ou pela entrega mais lenta em defesa dos interesses do meio ambiente ou dos outros seres humanos?

Discutimos como, para os consumidores, a conveniência parece superar todas as outras considerações. Um ethos semelhante — faça o que for mais conveniente, independentemente das consequências — está se tornando a nova filosofia do mundo corporativo? Se considerarmos algumas das maiores histórias da ética corporativa dos últimos anos, desde o escândalo de emissões de poluentes da

OS OBSTÁCULOS

Volkswagen à lavagem de dinheiro do banco Danske e a longa lista de problemas do Facebook, incluindo violações de dados e a suposta cumplicidade em interferência eleitoral, é difícil resistir ao cinismo.

Dizem que as empresas precisam operar de maneira ética para garantir sua viabilidade. A suposição é que os consumidores exigem bom comportamento e boicotarão negócios se não aprovarem suas condutas. Mas as evidências sugerem o contrário. As pessoas continuam comprando VWs, e #DeleteFacebook não se tornou sequer uma tendência mediana.

Obviamente, tudo isso são generalizações. Boicotes do consumidor há muito tempo têm sido utilizados com efeitos consideráveis, e há diversos exemplos de empresas fazendo a coisa certa e buscando melhorar constantemente. O desafio para todos nós, pessoas responsáveis — empresários, consumidores, legisladores e qualquer pessoa com influência em uma sala de reuniões — é usar qualquer poder que conquistamos pelo bem.

Temos uma vantagem considerável, pois nunca foi tão difícil para as empresas esconderem práticas ruins. Por exemplo, a análise do *Telegraph* do custo real para a sociedade da *fast fashion* extremamente rápida e barata destacou que o varejista britânico on-line Boohoo admitiu vender vestidos de 5 libras como um chamariz barato para atrair os consumidores e assim fazendo-os explorar mais o site, comprando então itens um pouco mais caros e lucrativos.[123]

O produto vendido com prejuízo para atrair consumidores tem sido uma característica essencial da prática do varejo por décadas, mas a web reescreveu as antigas regras do comércio. Agora, quando os compradores correm para comprar roupas que custam quase nada, as lojas de rua e as redes de varejo feitas de tijolos e argamassa não têm condições de competir, e prova disso foi a onda de fechamentos de lojas por causa das Marks and Spencer, Toys R Us, Walmart, Starbucks e Gap, entre muitas outras. Os efeitos microeconômicos são igualmente punitivos, na medida em que as pessoas que produzem essas roupas baratas em geral ganham menos de um salário — e nem todas elas estão em países em desenvolvimento.

A SEMANA DE QUATRO DIAS

Uma investigação do *Financial Times* descobriu que parte da indústria têxtil em Leicester, no coração industrial da Inglaterra, historicamente uma fortaleza do comércio de tecidos, "se destacou das leis trabalhistas do Reino Unido, 'um país dentro de um país', conforme a descrição do proprietário de uma fábrica, onde "5 libras por hora é considerado o salário máximo", ainda que seja ilegal".[124] O salário mínimo do Reino Unido para maiores de 25 anos é de 7,83 libras por hora e, quando questionada pelo *Telegraph*, uma fábrica sediada em Leicester apontou como justificativa o não cumprimento de várias leis trabalhistas.[125]

Em suma, eles estão atendendo as demandas dos varejistas de *fast fashion* de rua e on-line (todos operando em um mercado, para dizer o mínimo, competitivo) às custas da lei, enquanto as autoridades fecham os olhos para a corrente de exploração do trabalho.*[126] Se os reguladores não forem escrupulosos quanto ao monitoramento e a aplicação, alguns proprietários de empresas aproveitarão a oportunidade para passar por cima das pessoas — e quando isso é levado à sua conclusão natural, com muitos poderes conspirando em uma abordagem empresarial amoral, os resultados obtidos são da ordem da crise financeira global.

Não é absurdo ver o modelo de trabalho gig como mais um exemplo de milhões de pessoas sendo testadas economicamente por um número limitado de empresas e líderes — ou, como eu, ver a semana de quatro dias como uma forma de fazer os negócios voltarem à linha e restaurar o equilíbrio de poder entre a empresa e o trabalhador, de modo a não exigir que os negócios sacrifiquem sua produtividade ou lucratividade.

---

* Talvez o mais estranho em relação a essa exploração trabalhista seja o fato de ser um segredo conhecido por todos. O governo central sabe; o governo local sabe; os varejistas sabem. "Quando cheguei ao Reino Unido e descobri o que estava acontecendo em Leicester, fiquei chocado", diz Anders Kristiansen, que foi executivo-chefe da varejista New Look de 2013 a setembro do ano passado. "Isso está acontecendo diante de nossos olhos e ninguém está fazendo nada?!", pensou ele à época. "Como a sociedade pode aceitar isso — não só a sociedade, como o governo pode aceitar isso? É tão triste que eu não falo sobre isso há muito tempo, porque isso me frustrou muito."

OS OBSTÁCULOS

Com base nos dados, suspeito que diretores e CEOs de grandes empresas perceberam que a vida útil de uma notícia ruim passa tão rápido que eles em geral podem se safar do erro ou da decepção, desde que não demonstrem sinais de fraqueza. O que reforça essa atitude é o fato de que o direcionamento dos feeds de notícias e filtros sugere que poucos problemas recebem a atenção dos consumidores e, se determinada história não atinge uma ampla audiência nas plataformas sociais, mal pode ressoar.

Se há pouco rigor entre a maioria dos consumidores ao avaliar os custos trabalhistas ou ambientais das operações, outros estão se tornando mais conscientes, e os empresários estão à espera de uma chance. Sara Arnold, fundadora da empresa britânica de aluguel de roupas Higher Studio, disse ao *Telegraph* que seu negócio possibilitou a seus clientes "desfrutar da moda sem se preocupar com o impacto ambiental", porque, ao alugar seus guarda-roupas, o modelo permite às pessoas evitar aceitar os crimes da *fast fashion*.[127]

Esse está longe de ser um conceito perfeito de um ponto de vista sustentável — itens são entregues e coletados pelo transportador do dia seguinte, e tudo precisa ser lavado a seco entre os aluguéis — mas, no mínimo, a própria demanda por conscientização ambiental na moda representa uma mudança no setor, ainda que relativamente recente. Quando Arnold se formou pela Central Saint Martin em 2012, "o tópico sustentabilidade foi apenas uma preocupação obrigatória durante meu curso de graduação em Design de Moda e Marketing — quase não havia demanda dos meus colegas estudantes. Uma minoria ativa de nós se sentiu fora de lugar".

Agora, de acordo com Arnold, "um ecossistema de práticas e pesquisas sustentáveis idealistas está sendo... cultivado em universidades", e ela cita como evidência um relatório de 2018 do Boston Consulting Group, que constatou que 75% das empresas de moda melhoraram sua pontuação de sustentabilidade em 2017, em comparação a 2016.[128] É exatamente esse tipo de pensamento que dá apoio à semana de quatro dias ou a qualquer outro modelo de trabalho

198 A SEMANA DE QUATRO DIAS

flexível que delimita os direitos dos trabalhadores. Sara Arnold talvez descreva essas práticas sustentáveis como idealistas, mas elas são uma realidade cada vez mais corriqueira para muitas empresas.

Um indicador que cresceu nos últimos anos e é útil para os consumidores é o B Lab, uma organização para o bem social nos negócios que certifica as empresas como Corporações B com base em uma avaliação do impacto de uma empresa em seus funcionários, clientes, comunidade e meio ambiente. Empresas B certificadas, ou B Corps, agora são mais de 2.500 em mais de 50 países, e incluem Patagonia, Natura e Danone.

Ao reconhecer que "os problemas mais desafiadores da sociedade não podem ser solucionados apenas pelo governo e por instituições sem fins lucrativos", o B Lab e as Corporações B certificadas, ou B Corps, "estão acelerando uma mudança cultural global para redefinir o sucesso nos negócios e construir uma economia mais inclusiva e sustentável".[129]

Isso inclui, de acordo com a organização, promover os mais altos padrões de transparência pública e responsabilidade legal — que, como examinamos, não é o ponto forte de todos os negócios e indústrias, e dificilmente podemos culpar os consumidores por nem sempre serem capazes de distinguir os operadores honestos do restante.

Talvez o imperativo moral para as decisões de compra seja que elas se baseiem na informação ditada pelo provérbio popular que diz que algo é bom demais para ser verdade: quando você compra aquele item improvavelmente barato, alguém mais está pagando o preço que você não pagou. Podem ser os filhos do trabalhador da indústria têxtil de Leicester, porque como é possível abrigar e criar uma família com 40 libras por dia?

Esse é um problema de desigualdade que podemos resolver, se começarmos a advogar por nós mesmos e uns pelos outros. Meu argumento a favor da semana de quatro dias faz parte dessa defesa, e é uma tentativa de impedir mais crises desnecessárias dos

OS OBSTÁCULOS

sistemas financeiros que escoam até causar mais dificuldades a milhões de pessoas. A defesa da semana de quatro dias é a favor da produtividade, da rentabilidade e do bem-estar do trabalhador — mas é também um apelo apaixonado por uma ética mais sólida nos negócios e um sonho que está totalmente ao nosso alcance.

EM RESUMO

- O modelo de adesão trata a semana como um "presente" ao funcionário, que pode ser retirado se o empregado não entregar os resultados de produtividade acordados.

- Alterações na legislação trabalhista tornarão a semana de quatro dias e outros modelos de flexibilidade no trabalho viáveis em muitos países e economias. Uma legislação nova ou atualizada deve estabelecer princípios em vez de prescrições e abrir espaço para empregadores e funcionários concordarem com termos flexíveis que beneficiarão ambas as partes.

- A semana de quatro dias só pode se tornar um pilar no futuro do trabalho se os legisladores modificarem as leis existentes para se adaptarem a uma variedade de políticas de flexibilidade, que podem ser desejáveis para os muitos empregadores que veem as recompensas potenciais das semanas de trabalho mais curtas com foco mais intenso na produção.

- O resultado mais provável de uma cláusula de flexibilidade na legislação trabalhista do mundo real é uma disputa suave entre os negociadores que não colocam poder demais nas mãos de nenhuma das partes.

- Compartilhamos a responsabilidade coletiva de avaliar se as empresas que patrocinamos estão operando eticamente, e de julgar se elas se comportam em relação a seus funcionários ou contratados, suas comunidades e o meio ambiente.

- A semana de quatro dias é uma defesa a favor e uma manifestação de operações comerciais éticas; conforme as indústrias continuam a avançar em direção a modelos mais sustentáveis, a questão do emprego sustentável — que defende o bem-estar físico, mental e financeiro e rejeita a natureza precária do gig — torna-se primordial.

CAPÍTULO DEZ

Dentro do mundo corporativo

No último ano, viajei para alguns dos maiores centros de negócios do planeta, falando sobre a semana de quatro dias e o futuro do trabalho com fundadores, CEOs, filantropos e empresários. Como pessoas, eles são inquisitivos e têm a mente aberta, curiosos para saber como mudamos nosso modelo de negócios de forma a concentrar-nos na produtividade, e não no tempo. Mas encontrei uma quantidade considerável de resistência intelectual quando a ideia estava relacionada a suas próprias organizações. Muitos líderes me parabenizaram com entusiasmo e explicaram por que eles acreditam que a semana de quatro dias é fantástica, mas nunca funcionaria em seus negócios.

Essa resistência — decorrente de dúvida, medo ou ceticismo genuíno de que uma equação de "tempo de produtividade" possa conservar a lucratividade e manter os acionistas felizes — é o maior obstáculo interno à semana de quatro dias. É a razão pela qual algumas das maiores empresas serão as últimas a adotá-la. Os bancos, as seguradoras e as empresas de telecomunicações a perceberão erroneamente como uma ameaça aos seus resultados, e só começarão a considerar políticas de flexibilidade e produtividade significativas quando começarem a perder a guerra de talentos, e quando a taxa de doença na equipe e o esgotamento do pessoal se tornar alto demais para suportar.

202 A SEMANA DE QUATRO DIAS

Os pontos de vista expostos por alguns empreendedores, para quem semanas de trabalho ultralongas são uma "enorme bênção" (Jack Ma)[130] e necessárias para "mudar o mundo" (Elon Musk)[131] apenas perpetuam o mito de que longas horas de trabalho levam a aumentos de produtividade e lucratividade. O que Ma e Musk parecem não entender é que poucos funcionários conseguiriam se igualar a eles em energia ou apetite pelo trabalho, ou desejariam fazer isso se pudessem.

Sacrificar coisas como descanso, tempo com a família, conexão com a comunidade e atividades sociais pelo trabalho é comumente reconhecido como *workaholism* ou vício no trabalho, e temos mais dados do que nunca para mostrar a toxicidade do excesso de trabalho para o corpo humano. Trabalhar "996" (de 9h às 21h, seis dias por semana), como Ma se referiu à força de trabalho chinesa, ou de 80 a 100 horas por semana, conforme Musk recomenda, muito provavelmente aumentará o risco de uma série de complicações de saúde, desde diabetes tipo 2 até alguns tipos de câncer e desordens cognitivas, como demência.[132]

Para aqueles cujos empregos são principalmente sedentários, os recentes estudos com oito mil trabalhadores feitos pela Columbia University Medical Center foram alarmantes. Os pesquisadores descobriram que ficar sentado em um escritório por longos períodos tem um efeito fisiológico semelhante ao tabagismo.[133]

Além disso, não há evidências confiáveis de que quanto mais você trabalha, mais produtivo, criativo e eficiente se torna — na verdade, é justamente o oposto.[134] Mais do que qualquer outra coisa, as observações de Ma e Musk, surpreendentemente, evidenciam um pensamento do século XIX, que refletem mais os sinistros moinhos satânicos da velha Inglaterra do que os escritórios resplandecentes da complexa indústria moderna.

Uma analogia comparável à resistência à semana de quatro dias entre alguns fundadores e líderes empresariais de destaque é a dos proprietários de empresas de mídia que não estavam pres-

DENTRO DO MUNDO CORPORATIVO

tando atenção quando a internet começou a invadir seu território. Incontáveis milhões em receita potencial foram perdidos, veículos impressos foram fechados e o jornalismo tradicional foi praticamente dizimado. Os visionários e fundadores que compreenderam como aproveitar o poder das mídias digitais — para o bem ou para o mal — nunca se arrependeram.

Estamos chegando a um momento crítico semelhante no que diz respeito ao futuro do trabalho. Empresas de muitos setores e países têm experimentado políticas de flexibilidade, tateando na direção de medidas como o teste da semana de quatro dias. Nas minhas conversas com alguns de seus representantes, tenho sido recordado de que uma política de produtividade é, principalmente, um teste de liderança. A habilidade do líder para compreender a aplicação potencial da política em seu negócio, e em seguida articular isso com a equipe e os outros tomadores de decisão, selará seu destino.

Após ter me tornado uma espécie de consultor informal da semana de quatro dias, posso observar essa tendência de perto. No Capítulo Seis, eu me referi a uma entidade britânica cujo diretor de políticas me contactou para dizer que estava interessado em nossa ideia "revolucionária" e, conforme desenvolvíamos a política da semana de quatro dias na Perpetual Guardian ao longo do ano de 2018, mantive contato com ele. Nos conhecemos pessoalmente no início de 2019 para discutir a viabilidade da semana de quatro dias — na mesma época em que o diretor estava prestes a defender para os membros do seu conselho que eles deveriam recomendar que todos os funcionários tirassem a sexta-feira de folga.

Expliquei ao diretor que, se toda a organização fechasse as portas por um dia inteiro todas as semanas, isso contraria os princípios da política de produtividade, que se baseia, em parte, na manutenção dos padrões de atendimento ao cliente. Senti que, do jeito como estava, era improvável que aquela proposta tivesse o apoio da diretoria, e enviei a ele um e-mail com outras "regras" recomendadas para fazer a semana de quatro dias funcionar.

Mais tarde, ele me retornou o e-mail para informar que a entidade havia decidido contra a implementação da semana de quatro dias; não havia apoio interno suficiente.

Este é um exemplo elucidativo desse primeiro obstáculo, a resistência no nível da tomada de decisão. O diretor de políticas não disse se havia uma oposição interna fervorosa a um teste, ou se o problema era mais moderado, de relutância geral em ser a pessoa que emite a autorização final e pode, portanto, ser responsabilizada se a iniciativa não der certo. De qualquer maneira, o problema é sempre o mesmo — a manutenção do status quo. Ninguém se movimenta, e os funcionários estão destinados a permanecer no mundo do trabalho como é hoje.

Este exemplo também revela um segundo obstáculo comum, que é uma compreensão equivocada da definição da "semana de quatro dias". Se for traduzida erroneamente como "fim de semana de três dias", a adoção bem-sucedida não será impossível, mas será muito mais difícil caso haja qualquer expectativa de que a organização mantenha uma comunicação e um serviço consistente no mercado ao longo da semana padrão. Muitas empresas nem mesmo fecham nos finais de semana, e poucos CEOs ou conselhos poderiam aprovar uma semana de quatro dias em que a maioria dos funcionários, ou todos eles, se ausenta no mesmo dia.

Por fim, nas minhas conversas com fundadores e CEOs, sou enfático quanto a como o design do escritório pode ser um potencial obstáculo interno para otimizar a saúde organizacional; especificamente, escritórios em plano aberto são inimigos da produtividade.

Se as pessoas estiverem em mesas ou cubículos próximos e ao alcance da voz, e não há regras regendo quando elas podem interromper umas às outras, a produtividade será prejudicada. Quando um funcionário está se concentrando em uma tarefa complexa e é interrompido, é preciso aproximadamente 40 minutos para que ele atinja o nível de produtividade e foco que ele tinha no momento em que foi perturbado. Um estudo realizado pelo Instituto de Psiquiatria de Londres constatou que interrupções persistentes no trabalho

DENTRO DO MUNDO CORPORATIVO

causaram uma queda de 10 pontos no QI da pessoa distraída — o dobro do declínio encontrado em estudos sobre o consumo de maconha.[135, 136]

Quando li pela primeira vez sobre as pesquisas de produtividade no local de trabalho feitas no Reino Unido e no Canadá, eu me perguntei sobre os empecilhos. Por que as pessoas vão trabalhar, mas na verdade não estão trabalhando? Os fatores podem ser divididos de forma aproximada entre questões sociais, organizacionais e pessoais. Conforme diversos estudos concluíram, um dia típico para muitos trabalhadores inclui conversar com os colegas, uma xícara de café, navegar brevemente em sites de notícias, verificar alguns e-mails, fazer uma reunião, realizar um telefonema pessoal... e esse ritual pode ser repetido várias vezes em determinado dia.

Não é uma perda de tempo deliberada, mas reflete como temos projetado nossos espaços de trabalho. Menos pessoas estão se trancando em escritórios ou trabalhando em linhas de produção; o trabalho inclui muita interação e tempo social não estruturado. Isso pode ser uma dádiva para o moral no ambiente de trabalho, mas, a menos que a socialização seja orientada para uma meta (por exemplo, uma caminhada conjunta na hora do almoço), é absurda a expectativa por uma produtividade consistentemente alta. Como já vimos, uma pesquisa do Reino Unido descobriu que construímos pequenas distrações, como as mídias sociais, em nossas vidas profissionais; 79% dos entrevistados admitiram que não foram produtivos durante todo o tempo em que estavam no trabalho, e 54% relataram ansiar pelas distrações que tornavam seu dia de trabalho mais suportável.[137]

Conforme abordado no Capítulo Seis, o sucesso do teste da semana de quatro dias dependerá, em parte, da boa vontade dos funcionários em um escritório em plano aberto para colaborar com um ambiente silencioso, sem interrupções. É provável que uma estratégia projetada para a produtividade máxima inclua tanto soluções tecnológicas quanto da velha guarda (a função "Não perturbe" do smartphone e a bandeira no porta-lápis), e pode até levar ao arejamento saudável das queixas de comportamento às vezes exaltados no local de trabalho. O RH não precisará mais se preocupar com esse problema; quando todos estão focados em um prêmio coletivo, há pouco espaço para conflito.

Os grandes obstáculos para a mudança fundamental na forma como trabalhamos devem ser ultrapassados aos poucos, por meio de uma combinação de atividade laboral organizada e evidências cada vez maiores mostrando que há uma forma melhor de trabalhar e viver. Eu não subestimaria o papel do ativismo dos *millennials* e da Geração Z em relação às mudanças climáticas, para reduzir as emissões de carbono ocasionadas pelo congestionamento do trânsito e, por extensão, criando flexibilidade que leva ao aumento da produtividade quando e onde um grande número de pessoas vão trabalhar.

Quando estão "no trabalho", podem ter a sorte de serem conduzidos por pessoas dispostas a considerar dados válidos, desafiar preceitos existentes e experimentar novas práticas de negócios que podem *de fato* mudar o mundo.

EM RESUMO

- A resistência intelectual entre os líderes empresariais é o maior obstáculo interno à semana de quatro dias.

- As opiniões defendidas por empreendedores como Jack Ma e Elon Musk apenas perpetuam o mito de que longas horas de trabalho levam a aumentos de produtividade e lucratividade. Não há evidências confiáveis de que quanto mais você trabalha, mais produtivo, criativo e eficiente se torna — na verdade, é justamente o oposto.

- Uma política de flexibilidade ou produtividade é, principalmente, um teste de liderança. A habilidade do líder para compreender a aplicação potencial da política em seu negócio, e em seguida

DENTRO DO MUNDO CORPORATIVO

articular isso com a equipe e os outros tomadores de decisão, selará seu destino.

- Um obstáculo comum é a tradução incorreta da "semana de quatro dias" como "fim de semana de três dias". Nesses casos, a adoção bem-sucedida não será impossível, mas será muito mais difícil, caso haja qualquer expectativa de que a organização mantenha uma comunicação e um serviço consistentes no mercado ao longo da semana padrão.

- Dados mostram que os escritórios de plano aberto são inimigos da produtividade. Podem promover muita interação e tempo social não estruturado, o que torna absurda a expectativa por uma produtividade consistentemente alta.

- O sucesso do teste da semana de quatro dias dependerá, em parte, da boa vontade dos funcionários em um escritório em plano aberto para colaborar com um ambiente silencioso, sem interrupções.

CONCLUSÃO

Vacas precisam ser ordenhadas duas vezes ao dia

Durante o outono de 2019, na Nova Zelândia, visitei Wellington, o centro governamental do país, para discutir a semana de quatro dias com um membro do Parlamento. No sofá da sala de espera, encontrei alguém que estava lá para ver outro membro do Parlamento.

Trocamos gentilezas, e o homem perguntou sobre o motivo da minha visita. Quando expliquei o conceito da semana de produtividade, ele me dirigiu um olhar cético e perguntou: "Você acha que isso é aplicável a todas as empresas?"

"Sim", foi minha resposta.

Ele se recostou no sofá e ficou em silêncio. Depois de cerca de um minuto, ele se virou para mim outra vez. "E como isso poderia funcionar na indústria de laticínios? Afinal, as vacas precisam ser ordenhadas duas vezes por dia!"

Fiquei perplexo, pois nunca tinha levado em consideração as rotinas diárias com o gado, mas reconheci essa resposta pelo que foi. Por instinto, o homem procurara em sua mente uma prova de que o conceito era falho; qualquer coisa que mostrasse que não pode funcionar. Para os céticos, a semana de quatro dias é provocativa, até bizarra. Naturalmente, eles se valem de sua própria experiência e preconceitos para elaborar um argumento contrário a ela.

Mas vamos voltar ao exemplo dos laticínios, para os quais as mudanças já chegaram. Cem anos atrás, tínhamos rebanhos menores, com mais trabalhadores agrícolas para alimentar, ordenhar e cuidar dos animais. À medida que a agricultura industrializada se desenvolvia ao longo do século XX, o equipamento de ordenha foi mecanizado e os veículos e outras máquinas ficaram mais sofisticados e eficientes, de forma que o tamanho dos rebanhos aumentou, mas o conjunto de trabalhadores agrícolas encolheu. Com avanços científicos, a alimentação e as técnicas de pecuária melhoraram, e a produção de leite aumentou.

Agora, vivemos em uma era de automação completa e constante reinvenção, os aplicativos e tecnologias baseadas em drones refinam os protocolos agrícolas, conceitos pioneiros como o leite A2 elevam a fatia de rendimentos e lucros, e a demanda por mão de obra diminui ainda mais.

Tudo isso significa uma maior produção numa base *per capita*, de modo que não há razão para que as operações de uma fazenda eficiente e altamente automatizada não possa se adaptar a uma semana de quatro dias baseada em turnos que mantenham a lucratividade e melhorem a qualidade de vida de todos os seus funcionários.

Preciso fazer estas perguntas aos céticos: por que, depois de anos de avanços nas tecnologias e nos processos, a inovação deveria cessar agora? A semana de cinco dias, de 9h às 17h, a labuta até a hora do rush representa o auge do empreendimento comercial diário? Não há nada que possamos melhorar?

Por incrível que pareça, é possível que estivéssemos fazendo sem querer a coisa certa o tempo todo. Nas pesquisas sobre o trabalho, uma previsão muito mencionada é a de John Maynard Keynes, que em 1930 disse que, com o aumento da automação, os seres humanos trabalhariam apenas 15 horas por semana.[138] Em face disso, ele estava muito equivocado, não apenas porque ele mal poderia prever o transbordamento, principalmente por meio da conectividade digital, das horas de trabalho na vida privada. Muitos especialistas previram uma cota generosa de prazer proveniente da tecnologia acessível e barata. O que aconteceu de verdade, pelo menos na maioria das indústrias em países desenvolvidos, foi praticamente o oposto.

VACAS PRECISAM SER ORDENHADAS DUAS VEZES AO DIA 211

Se avaliarmos mais de perto, porém, será que Keynes estava mesmo errado? Ele estava pensando em produtividade quando fez sua previsão, em uma época na qual era mais fácil acessar as medidas da produção, pois a maioria dos países tinha uma base predominantemente industrial.

Talvez Keynes não ficasse surpreso ao saber dos dois estudos que catalisaram a história da semana de quatro dias — dos pesquisadores britânicos e canadenses que tentaram determinar a real produção dos funcionários de escritório. Lembre-se, o tempo de produção estimado estava entre 1,5 e 2,5 horas por dia, e de acordo com outro estudo a estimativa subia (apesar de ainda ser baixa) para 2 horas e 53 minutos — o que totaliza uma semana de trabalho com cerca de 14,5 horas, no máximo.

Diante da evidência de que o resto do tempo gasto no trabalho é "preenchido" — reuniões prolongadas, chamadas pessoais, navegação em redes sociais e bate-papos na sala de descanso —, parece que Keynes estava no caminho certo. Os dados mostram que o trabalho produtivo está alcançando quase exatamente o nível que ele previu, e a maioria das horas "no trabalho" se divide entre os modos de lazer, trabalho intenso e perda de tempo em geral para atender o padrão de 40 (ou mais) horas esperado pelos empregadores.

O fenômeno de 15 horas não surpreende, dado o fracasso dessa definição de semana de trabalho em acompanhar o impacto da transformação do trabalho pela tecnologia. Nas eras industriais anteriores, o trabalho se dividia principalmente em esforço físico e artesanal; o trabalhador moderno está mais do que provavelmente cumprindo tarefas a partir de um computador ou de um dispositivo móvel. É difícil manter atenção rigorosa a tarefas produtivas, e é mais árduo medir a produção do que seria para, digamos, um mineiro de carvão. Essa mesma forma de trabalho, aliada com as constantes interferências e interrupções de dispositivos de tecnologia e ambientes de trabalho ocupados, incentiva distrações e dificulta a produtividade.

212 A SEMANA DE QUATRO DIAS

Em escala mais ampla, a mudança das estruturas familiares, o prolongamento dos deslocamentos e a intrusão do trabalho na vida doméstica revela que as comunidades não são mais tão bem formadas ou coletivamente solidárias como no passado. Como empregador, minha teoria é que esse é o motivo por que muitos dos trabalhadores experimentam o local de trabalho como uma fonte primária de interação social.

Entretanto, Keynes não poderia saber como o consumo aumentaria — como nos tornaríamos superconsumidores em massa, reivindicando cada vez mais bens, mesmo às custas da nossa saúde e da viabilidade da vida humana na Terra. No cerne do problema do trabalho, é possível que os níveis de consumo e resíduos estejam associados; os fundos necessários para comprar produtos de consumo e o trabalho humano necessário para produzi-los levam a mais horas de trabalho e têm consequências ambientais deletérias.

Se essa suposição estiver certa, estaríamos dispostos a aceitar o declínio dos níveis de consumo em troca de uma redução radical nas horas de trabalho se isso significasse melhor qualidade de vida humana e segurança climática permanente?

É melhor observarmos o quadro completo.

Em seu último livro, *Reviravolta: Como indivíduos e nações bem-sucedidas se recuperam das crises* [Editora Record, 2019], o professor de geografia, historiador e escritor científico Jared Diamond define um prazo. Se, enquanto sociedades globalizadas complexas, ainda não tivermos descoberto como usar de forma sustentável os recursos até 2050, o mundo como o conhecemos acabará. Mais do que isso, o autor afirma que temos quatro problemas específicos para resolver como comunidade internacional a fim de que a humanidade perdure: o risco do holocausto nuclear, a mudança climática, o uso insustentável dos recursos e a desigualdade.[139]

Mesmo que Diamond esteja apenas parcialmente certo, esse é um cenário preocupante. Nos cerca de 18 meses desde que concebi a semana de quatro dias, ficou evidente que, como comunidade global, precisamos reavaliar tudo na maneira como vivemos se

VACAS PRECISAM SER ORDENHADAS DUAS VEZES AO DIA   213

quisermos abordar os sérios problemas de saúde pública, como o estresse laboral e transtornos mentais, e se desejarmos começar a tarefa de reequilibrar a distribuição da riqueza.

Desde a Revolução Francesa até a Grande Depressão e a Segunda Guerra Mundial, sem mencionar inúmeros outros exemplos além desses, temos provas incontestáveis de que uma ordem mundial estável e o bem-estar geral das populações humanas depende da manutenção de certas expectativas. Em nações desenvolvidas, começamos a esperar que o trabalho esteja amplamente disponível e forneça renda suficiente para que as pessoas possam abrigar e alimentar suas famílias, educar seus filhos e ter acesso a assistência médica de qualidade. Quando essas expectativas são subvertidas ou não são alcançadas por um grande número de pessoas, a ordem política e social fica desestabilizada, e os resultados podem ser catastróficos.

Neste livro, defendi e demonstrei o valor de um modelo de trabalho com horas reduzidas, focado na produtividade, para empresas e indústrias. Avaliei os riscos apresentados por uma economia gig irrestrita e lancei um alerta em relação à vulnerabilidade das proteções dos trabalhadores, arduamente conquistadas. Chegou a hora de fazer a conexão entre a maneira como trabalhamos e as crises de sofrimento individual e planetário.

Ninguém duvida de que estejamos em uma nova era industrial, cujas ramificações econômicas são quase impossíveis de prever; ninguém está declarando que o bem-estar humano, em especial no que se refere às nossas vidas no trabalho, atingiu seu ideal. O que sabemos agora é que é improvável que uma abordagem fragmentada ou hesitante seja suficiente para atender as ameaças que enfrentamos; se precisamos de uma ação radical em relação às mudanças climáticas, também devemos ser radicais ao mudar a forma como trabalhamos.

Curiosamente, nossa crise é o produto de nosso sucesso enquanto espécie. Temos sido tão produtivos e reprodutivos, protelando a mortalidade e convertendo recursos a serviço de nossa própria propagação, que agora precisamos repensar, de formas extremas e imediatas, como podemos parar de nos tornar vítimas de nossa própria primazia. Se não o fizermos, algo vai parar, seja a capacidade da Terra em nos sustentar, a ordem global, ou qualquer outra coisa imprevista.

O ponto positivo é que governos e cidadãos estão finalmente compreendendo em massa a escala de nossa situação planetária. Desde a década de 1960, quando os artigos de Rachel Carson catalisaram o movimento ambientalista moderno, até meados dos anos 2000, quando a cruzada de Al Gore acrescentou peso político à causa, os cientistas chegaram a um consenso e a negação tornou-se uma realidade para poucos.

Tendo deixado de ser uma política de estimação, a mudança climática foi uma questão importante na eleição presidencial de 2020 nos Estados Unidos. A saída da administração Trump do Acordo de Paris, longe de impedir o progresso, pode ter acelerado o movimento para um verdadeiro pacto global para salvar o planeta Terra e suas espécies — no qual governadores dos estados, prefeitos e CEOs estadunidenses se uniram para compensar a inação do governo federal.[140] Esqueçam o slogan de campanha "MAGA" [Make America Great Again — Faça a América Grande Novamente, em tradução livre] — esta coalizão rebelde quer Fazer a Terra Prosperar Novamente.

Enfim, percebemos coletivamente que não podemos passar o bastão da responsabilidade pelo clima para a próxima geração, porque não haverá ninguém lá para pegá-lo.

Enquanto escrevia este livro, dois relatórios climáticos foram divulgados, explodindo como granadas. Em 2018, o Painel Internacional sobre Mudanças Climáticas emitiu um Relatório Especial que previu, com alta confiabilidade, um aquecimento global de 1,5°C acima dos níveis pré-industriais entre 2030 e 2052 se o ritmo atual for mantido. A consequência disso, de acordo com o painel, seria o aumento dos "riscos à saúde, aos meios de subsistência, à segurança alimentar, ao abastecimento de água, à segurança humana e ao crescimento econômico relacionados ao clima".[141]

O relatório observou ainda que "os percursos para limitar o aquecimento global de 1.5°C... exigiriam transições rápidas e de longo alcance em energia, solo, urbanização e infraestrutura (incluindo transportes e edifícios) e sistemas industriais".

Então, em maio de 2019, chegou o Relatório Global IPBES sobre Biodiversidade e Serviços Ecossistêmicos, produto de três anos de trabalho de 145 autores especializados e outros 310 colaboradores em 50 países, o parecer mais completo desse tipo já produzido, e certamente o mais contundente. O relatório concluiu que cerca de 1 milhão de espécies animais e vegetais estão agora ameaçadas de extinção, muitas delas por uma questão de décadas, mais do que nunca na história da humanidade.

Nas palavras do professor Josef Settele, copresidente dessa Avaliação, "Ecossistemas, espécies, populações selvagens, variedades locais e espécies de plantas e animais domesticados estão diminuindo, deteriorando ou desaparecendo. A rede essencial e interconectada da vida na Terra está ficando menor, e cada vez mais desgastada. Essa perda é resultado direto da atividade humana e constitui uma ameaça imediata para o bem-estar humano em todas as regiões do mundo".[142]

O resumo do relatório das Nações Unidas observou que "objetivos globais de conservação e uso sustentável da natureza e a conquista da sustentabilidade não podem ser alcançados pelas trajetórias atuais". O resumo fez eco ao presidente do IPBES, sir Robert Watson, que afirmou que "os objetivos para 2030 e depois talvez só possam ser alcançados por meio de mudanças transformadoras nos aspectos econômicos, sociais, políticos e tecnológicos... Tendências negativas atuais na biodiversidade e nos ecossistemas prejudicarão o progresso em cerca de 80% das metas relacionadas à pobreza, à fome, à saúde, à água, às cidades, ao clima, aos oceanos e à terra. A perda da biodiversidade, portanto, não é apenas um fator ambiental, mas também um fator de desenvolvimento, econômico, de segurança, social e moral".[143]

216   A SEMANA DE QUATRO DIAS

Analise essas palavras. Transições rápidas e de longo alcance... urbanização e infraestrutura... mudanças transformadoras... econômicas, sociais, políticas e tecnológicas.

Comecei este livro com a declaração de que a maneira como trabalhamos hoje não é mais adequada para a saúde e o bem-estar humanos ou para a produtividade e lucratividade ideais da indústria. A verdade é que todo trabalhador em situações extremas — estressados, superocupados e mental ou fisicamente doentes — é uma personificação individual de todo o nosso planeta. Agora, os estudiosos de sua saúde que são mais conscientes confirmaram, sem nenhuma dúvida, que devemos reinventar a maneira como vivemos, viajamos e trabalhamos para sobreviver como espécie.

De volta ao homem que dividiu o sofá comigo na sala de espera de um membro do Parlamento britânico. Se seguirmos sua liderança, todos desceremos a ladeira com o gado. Por outro lado, se levarmos a sério o potencial para a mudança transformadora da semana de quatro dias e de outros modelos de flexibilidade no trabalho orientados para a produtividade, talvez tenhamos a chance de salvar nosso planeta e todos os que vivem nele.

Afinal — o que temos a perder?

APÊNDICE

Pesquisa qualitativa por dra. Helen Delaney

Nota: As citações a seguir foram retiradas de conversas com funcionários da Perpetual Guardian na conclusão do teste da semana de quatro dias. Quando a pessoa citada exerce uma função gerencial, isso é observado.

TABELA 1: Melhorias na dinâmica do ambiente de trabalho

Tema	Evidência de apoio
Engajamento intelectual e estímulo	"Estávamos apenas testando qual é a maneira mais eficaz de testar como medimos nossa produtividade e nossos resultados no trabalho. Então, tivemos uma boa discussão sobre como isso funciona e colocamos nossas mentes para trabalhar – nunca tivemos que fazer isso antes. Como vamos começar?"
	"Eu estava tão consciente de quaisquer duplicações ou ineficiências nos processos de trabalho que, naquele período de experiência, fiz uma lista completa de tudo o que os fazia perder tempo. Meu ponto de partida é instigante, porque provocou uma reflexão na equipe sobre como abordamos nossas tarefas e como podemos realocá-las ou fazê-las melhor."

218 A SEMANA DE QUATRO DIAS

Inovações "Trabalhe com mais inteligência"	"Melhoramos nosso prazo de entrega ao tentar automatizá-lo... Por isso, criamos fórmulas que inserem dados muito mais rapidamente, de modo que a digitação é totalmente automatizada. Isso acelerou muito o processo. Era algo que já queríamos fazer, mas obviamente o teste tornou possível."
	"Olhamos tudo o que realmente fazíamos e nos perguntamos mesmo fazer isso, se era produtivo, se deveríamos fazer ou se outra pessoa deveria estar fazendo. Questionamos todas as nossas práticas..."
	"Então, o que resultou do teste foi especialmente meu foco em relação ao que a empresa espera de mim, e se estou fazendo tarefas para progredir nisso. Meus dias agora estão cheios de reuniões com os clientes, exatamente como sempre deveriam ter sido, mas eu estava sendo distraído por outras coisas."
Colaboração e trabalho em equipe	"Com mais colaboração, então, da maneira como minha equipe está configurada, exercemos funções bastante individuais, mas tivemos que trabalhar em colaboração para descobrir como poderíamos cobrir e ajudar uns aos outros."
	"A principal coisa que descobri foi que eu estava impressionado com a colaboração e o trabalho em equipe do meu time. Eles reviram suas prioridades de cronograma e tempo para garantir que atenderiam as obrigações externas urgentes. Fizeram isso muito bem e, em seguida, envolveram outros membros da equipe, que definitivamente estavam dispostos e querendo se engajar e mediaram a ajuda. Fiquei de fato impressionado com o nível de colaboração e trabalho em equipe que vi. E muito disso foi principalmente porque não era preciso microgerenciamento, nem demandar isso deles."
	"Todos parecem planejar mais agora do que antes de iniciarmos o teste... até eu estou planejando melhor do que antes, e acho que, de uma forma geral, nossas equipes estão planejando melhor dentro de seus nichos, e também de maneira colaborativa. E isso garante que eles não vão deixar a peteca cair."

Tema	Evidência de apoio
Delegar, compartilhar e confiar	"É como se você quisesse delegar, porque, quando você está ausente, tem que contar com seu colega, ou outros membros da equipe, para garantir que o trabalho será feito. E com o meu grande portfólio e todas as complexidades, no passado eu relutava em passar o trabalho a outras pessoas. Mas descobri que, ao treiná-los, eles passaram a saber onde encontrar o quê, e passei a confiar muito mais neles. O trabalho foi realizado, de forma que agora me sinto muito mais relaxado." "Tenho uma ótima equipe à minha volta que está de fato motivada, tem ótima ética com o cliente, trabalha bem em cooperação, se preocupa com o que faz. Isso me ajuda a aceitar o dia de folga como presente. E receber esse dia significou o fortalecimento de seus relacionamentos dentro da empresa e esse tipo de coisa. Não cabe a mim fortalecer esses relacionamentos, de forma que isso significa que eles têm a chance de mudar suas carreiras e se destacarem."
Desenvolvimento, variedade de tarefas	"Como o gerente de clientes tinha um dia de folga durante a semana, a probabilidade de que eu tivesse mais variedade na carga de trabalho era maior. Era preciso fazer coisas novas e tentar coisas novas que em geral ele faria sozinho. Suponho que agora que voltamos à semana de trabalho de cinco dias, ele tenha assumido de novo a carga desses trabalhos, pois não sente a necessidade de repassá-los. Portanto, isso limita um pouco mais o aprendizado para mim." "Isso nos fez expandir a maneira como trabalhamos e como delegamos os diferentes níveis de trabalho. E suponho que acabei fazendo uma variedade maior de atividades, porque havia mais restrições de tempo e mais pressão, por isso achamos tudo muito estimulante."

Voz e empoderamento	"Todos nós tínhamos o poder de encontrar a solução. O teste nos fez focar em nossas reuniões de equipe e garantiu que todos tivessem uma oportunidade maior de falar. Percebemos que ao fim [do teste], mesmo quando falamos sobre o feedback que queremos apresentar, todos têm algo a dizer e contribuir para as reuniões."
	"Quer dizer, até o assistente de clientes está saindo para atender clientes. É tão simples, se eles ficarem inseguros, basta perguntar ou algo assim, mas eles estão confiantes, ou lhes foi passada a confiança necessária para saírem e ver clientes que antes eles não viam."
Foco e presença	"Uma das coisas que percebi que fizemos foi, digamos, em vez de fazer meia hora disso, meia hora daquilo e saltar de um trabalho a outro, como eu sei que fazia, passar a dedicar três horas ou duas horas e meia apenas para uma tarefa específica. Isso me preparava mentalmente para fazer o que eu precisava naquele momento, e nada mais importava, a menos que fosse urgente."
	"Eu consegui trabalhar muito mais em menos tempo quando me dedicava a apenas uma tarefa ao longo de duas horas e meia. Eu simplesmente ficava preso, e fiz isso com alguns projetos, e sei que um dos gerentes de cliente fez isso também, o que pareceu acelerar bastante o trabalho, e foi ótimo."
	"É ter esse foco, que você está constantemente pensando, tudo bem, eu tenho essas coisas para fazer, essa é minha lista de tarefas, tenho que terminar até quinta à noite. Então você só abaixa a cabeça, começa, e resolve tudo."

Tema	Evidência de apoio
Boa vontade e reciprocidade	"A recompensa da empresa retribuindo a você. É só a sensação de que você está trabalhando em um lugar que de fato se preocupa com seu bem-estar, e ter colegas de trabalho que se preocupam com sua vida, eu acho que faz uma grande diferença."
	"Se eu estava aprendendo as responsabilidades de outra pessoa, então eles também estavam aprendendo as minhas. Então, em nenhum minuto eu pensei que estava fazendo trabalho extra. Eu só pensava que estávamos ajudando uns aos outros."
	"Acho que, da perspectiva da cultura, foi muito mais revitalizante, e as pessoas de fato começaram a abandonar essa postura de: 'Este é meu trabalho, é chato, venho trabalhar porque preciso do salário. No fim do dia, não é tão empolgante, mas, uau, olha só essa oportunidade que o Andrew nos deu.' Acredito de verdade que muitas pessoas pensaram genuinamente: 'O que posso fazer para retribuir?'"
	"Se eu tivesse que escrever alguns e-mails, algumas coisas, atender uns telefonemas, isso não me incomodaria. Eu ainda estava fazendo o que queria fazer, então estava tudo bem."
Energia e motivação	"Ao voltar em uma quinta-feira, você percebe que os seus níveis de energia na sexta-feira ainda estão mais altos do que na semana de cinco dias."
	"Eu costumava pensar, que bom, você sabe, apenas quatro dias esta semana, isso é ótimo, então eu terei um fim de semana de três dias, e isso já lhe dá um pouco da energia extra necessária para chegar lá."

Resiliência organizacional, risco reduzido	"Tivemos uma forte tempestade em Auckland em uma terça-feira à noite, e na quarta-feira tudo estava muito turbulento em Auckland, porque as pessoas não conseguiam chegar ao trabalho, ou tinham que lidar com a queda da eletricidade. Mas, como muitos dos nossos funcionários já estariam ausentes na quarta-feira, e várias das contingências já estavam estabelecidas para aquele dia em particular, considero que passamos por aquele dia da melhor forma possível. Então, de uma perspectiva de planejamento de continuidade de negócios, acho que todo esse planejamento é bom para a cidade também, pois nos mantém fora das ruas."
	"Na verdade, eu estava levantando minha mão como líder de uma equipe de duas pessoas, dizendo: 'Você está assumindo o risco de ser uma pessoa-chave. Porque uma pessoa sabe fazer tudo, e todos os processos são novos, e se essa pessoa fica doente por uma semana, ou se tira férias anuais ou algo assim, ninguém mais sabe como fazer isso'."
	"Era uma transação importante para o negócio. A parte boa é que, por causa do teste, todos começaram a comunicar como fazer as coisas e o que fazer e como fazer melhor, e, no dia antes da folga, ele sempre fazia um balanço no fim do dia sobre como tudo estava. Ele colocava tudo no quadro branco, cliente a cliente, o que precisava ser feito no dia seguinte. Isso me deu, apenas como um observador externo, muito mais confiança em relação a haver muito menos risco naquela equipe, porque eles estavam começando a trabalhar juntos muito melhor."

TABELA 2: Desafios e frustrações

Tema	Evidência de apoio
Estresse e pressão	"Você está espremendo tanto em quatro dias que você sente, ou eles pareciam sentir, que o estresse estava definitivamente alto."
	"Você está compensando aquele dia [de folga], mas muitas vezes também está cobrindo outra pessoa. Eu vi isso se manifestar em níveis elevados de estresse em alguns de meus subordinados diretos."
	"Nós, na verdade, não fizemos nenhuma [mudança na forma como a equipe trabalha]. Acho que era só tentar amontoar todo esse trabalho em quatro dias, o que foi difícil."
	"A frustração de ter que esperar [por informações de outro departamento/pessoa]. E quanto você consegue, acho que a qualidade de algumas das informações que chegavam se deteriorou durante o teste. Acho que as pessoas estavam correndo, tentando encaixar 100% em 80%, e acredito que o resultado disso foi a queda da qualidade. Isso inclui a comunicação com os clientes, que é como geramos nossa receita." (Relatório do gerente)

Carga de trabalho incompatível com semana de quatro dias

"No meu primeiro dia de folga, trabalhei o dia todo em casa... eu ficava checando e-mails e lidando com as mensagens porque simplesmente não queria chegar no dia seguinte e ter que lidar com tudo aquilo outra vez." (Relatório do gerente)

"Descobrimos que não estávamos cumprindo 32 horas, fazíamos mais... para que isso funcione como um trabalho de 32 horas semanais, vamos precisar de recursos."

"Na verdade, não reduzimos nossas horas de trabalho, porque chegamos mais cedo. Achamos que somos muito improdutivos e simplesmente não perdemos oito horas de tempo durante a semana. Também tivemos uma situação um pouco diferente porque perdemos um membro da equipe, perdemos um gerente e um assistente, e por isso tínhamos que cobrir o trabalho deles também, além de todo o resto. Então chegávamos mais cedo e cumpríamos mais horas. Todos nós sentíamos que ficaríamos felizes mesmo se precisássemos cumprir dias de 12 horas para ter o quinto dia de folga."

"As equipes disseram que não acreditam que, com suas cargas de trabalho atuais, seja de fato viável continuar com isso. Mas eles disseram que acreditam em uma alternância entre semanas de quatro e cinco dias como algo mais alcançável. Então, eles próprios inventaram isso. Eles disseram que sentiam estar se atrasando, e eu podia ver que isso definitivamente os estressava em alguns casos. E eles diziam: na verdade, vou trabalhar em metade do meu dia de folga amanhã, porque eu preciso."

Tema	Evidência de apoio
Variação de habilidade	"Acho que [o teste] mostrou que havia muitas lacunas de habilidades entre as tarefas, que alguns membros da equipe não conseguiriam fazer... devido ao curto prazo de teste, tivemos pouco tempo para treinar essas habilidades, de forma a torná-las disponíveis naquele período."
	"Todos dependem muito [de minha gerente] porque ela tem um conjunto enorme de habilidades... Então ela definitivamente acabaria trabalhando além da sua semana de quatro dias, ainda que fosse de casa. Não havia possibilidade de isso não acontecer, mas eles aprenderam que essa era uma oportunidade de aprimoramento de habilidades daqui para a frente."
Diferenças de atitude percebidas	"O que observei foram comportamentos variáveis entre os membros da equipe. Algumas pessoas se envolveram emocionalmente e mudaram seus hábitos de trabalho de acordo, enquanto outras consideraram isso um presente e não mudaram." (Relatório do gerente)
Falta de inovação significativa percebida	"Minha equipe me disse que houve mudanças comportamentais diferentes, então todos disseram estar mais focados, talvez mais energizados. Pessoalmente, não notei nenhuma diferença. Mas nada deu errado. Ninguém relaxou. Mas eu não vi um ímpeto, não vi agitação, não vi um 'oh, como vamos fazer isso melhor e de forma mais inovadora?' Não houve novas iniciativas, o que me decepcionou um pouco, porque eu os desafiei a pensar dessa forma." (Relatório do gerente)

TABELA 3: Impacto da jornada de trabalho reduzida na vida fora do trabalho

Tema	Evidência de apoio
Tempo para participar da vida familiar	"Possibilitou mais tempo com meus filhos. Tenho três filhos em idade escolar, então pude preparar a refeição na hora do almoço, o que normalmente eu não teria a oportunidade de fazer, porque estaria no trabalho. Também pude me envolver com o dia do animal de estimação e assistir à final de softball dos meus filhos. Esse tipo de coisa que em geral eu não tinha chance de participar... [Meus filhos] com certeza adoraram... eles dizem coisas como 'ah, você está sempre no trabalho, você nunca vem para os eventos.' Então, minha presença foi um grande incentivo para eles."
	"Eu estava no Playcentre [centro educacional infantil na Nova Zelândia] com meu filho de 4 anos. Era um ambiente único, em geral eu não o vejo ali... e ser um dos únicos pais que vai até aquele ambiente. Então, todas as outras mães gostaram muito disso, porque era diferente, havia algumas formas diferentes de brincar, e esse tipo de coisa."
	"Passei um dia com meu marido, saí para almoçar, um almoço durante a semana – não é maravilhoso? Uma coisa que em geral nunca temos a oportunidade [de fazer]."
	"No fim de semana, no sábado você lava a sua roupa e limpa a casa, você faz tudo. Agora você poderia fazer isso na sexta-feira e, na verdade, ter o sábado e o domingo livres. E enfim poderia relaxar e pensar, agora posso passar algum tempo de boa qualidade com amigos e família. Mas isso já foi bom só por ter um dia dedicado a 'você', que em geral não temos muito porque é só correria o fim de semana todo. Suponho que seja isso o que esse dia nos possibilita, esse esforço para passar mais tempo com pessoas que em geral não veríamos nos fins de semana, como os avós."
	"Conseguimos economizar um pouco de dinheiro porque podemos buscar as crianças nós mesmos e não precisamos pagar uma babá pra isso."

Tema	Evidência de apoio
Tempo para cumprir tarefas	"Os dias de folga têm sido ocupados, mas de um jeito bom, com coisas que eu queria fazer, mas não conseguia porque estava no trabalho"
	"Os três dias são muito produtivos pessoalmente também. Portanto, como um todo, você se sente bem de um modo geral."
	"Ter tempo para fazer coisas que você não faria de outra forma. Eu lavei toda a roupa na sexta-feira, para que minha esposa não precisasse lavar no sábado, então ela estava muito mais feliz comigo e, portanto, mais feliz com as crianças. E a consequência foi que todos estavam mais felizes. Tem isso, eu não sei o que é, endorfina ou euforia, algo que é liberado quando você faz um trabalho e sabe que o fez bem, e terminou."

Tempo para recarregar e se reconectar	"Um dia, foi um 'prazer culposo' [guilty pleasure], eu passei um tempo sozinha. Sem marido, sem filhos, pura indulgência, apenas eu e eu mesma. Foi tão bom."
	"As reflexões que você faz no dia de folga não acontecem quando está sentado em sua mesa... É um espaço em sua cabeça, é essa capacidade de pensar."
	"Também é um tempo para apenas refletir um pouco, ficar quieto e recarregar as baterias. Porque [enquanto] algumas pessoas obtêm energia e recarregam ao conviver com outras, eu preciso ficar sozinho. Somos todos diferentes. E quando você passa o dia todo com outras pessoas, às vezes, você tem tanto a fazer que precisa de algum tempo só para relaxar, sem ser interrompido. Então, isso foi importante para mim."
	"Eu não sou uma pessoa matinal, por isso as manhãs são estressantes no engarrafamento, eu aperto o botão de soneca meia dúzia de vezes etc. Quando eu podia, ia [trabalhar] por volta das 10 horas, nos dias ímpares, quando eu tinha reunião, então eu começava mais tarde. Gostei de fazer isso porque me deixava menos estressado, eu podia pegar o ônibus em vez de dirigir. Acabei economizando algum dinheiro nos custos de transporte. Nesses dias, eu saía para uma caminhada e tomava um café no meu bairro em vez de me apressar pela rua. E eu tinha as sonecas dos dias ímpares, ou seja, dormia bem sem apertar o botão da soneca."

Tema	Evidência de apoio
Tempo para aprender e contribuir	"Eu também faço todas as atividades comunitárias. Por isso, aquele dia de folga me possibilitou ter mais tempo para me concentrar e garantir que elas sejam concluídas no prazo."
	"Descobri que com aquele dia extra na semana eu podia ser muito produtivo em meu trabalho voluntário, porque posso adiantar tanta coisa. Meu dia de folga era quinta-feira, porque eu também faço duas disciplinas na universidade, e quinta-feira é o dia das aulas... Mais tarde, eu poderia sair com alguns amigos ou então ir para casa relaxar. A maioria dos meus amigos ainda está na universidade, por isso foi bom para eu poder sair mais com eles, às vezes sinto que estou perdendo a oportunidade de estar de fato na universidade. E pude ir a alguns dos eventos de palestras que a faculdade de direito organiza, o que foi uma experiência muito boa, porque em geral eu não tenho tempo para ir neles."
Tempo para explorar e imaginar	"Alguém me disse: agora você tem pelo menos 48 dias extras para viver todo ano, imagina se esse projeto vai para frente, o que você vai fazer com isso? Foi apenas um comentário passageiro, mas continua ressoando nos meus ouvidos e fico pensando comigo mesmo: o que vou fazer? O que posso fazer por mim? Então, todos os dias do teste, eu fui para uma nova aula de fitness – algo completamente novo para mim, pois eu nunca tinha estado em uma academia antes."

Agradecimentos

Uma vez que esta foi, em muitos aspectos, uma jornada incidental que partiu de uma ideia meio maluca e se transformou em um movimento global, tenho muitas pessoas a agradecer.

Em primeiro lugar, à minha parceira Charlotte, por seu amor, apoio, sugestões (a eliminação de "isso" e "que" ao longo de todo o livro é a menor de muitas das suas conquistas) e incentivo ao longo da escrita deste livro. O desenvolvimento da campanha global da semana de quatro dias tem sido uma grande jornada para percorrermos juntos.

Stephanie Jones, este livro não poderia ter sido escrito sem você. Obrigado por trabalhar com minhas ideias mais loucas e por sua pesquisa exaustiva sobre o mundo do trabalho flexível. Você ajudou a transformar teoria em realidade.

Agradeço a toda a equipe da Perpetual Guardian, em especial Christine Brotherton. Obrigado por levar adiante a ideia da semana de quatro dias e torná-la um sucesso tão grande. Agradecimentos especiais para Tammy, Kirsten, Marina, Willem e Cleo por compartilharem como a semana de quatro dias os afetou pessoalmente. Desculpem pela intrusão, mas isso tornou esta história muito mais real para tantos.

Kate, Dwayne e toda a equipe da Alexander PR, vocês fizeram um trabalho incrível em divulgar a história e ambientá-la com pesquisas do mundo todo, em todas as épocas, e com todo profissionalismo e bom humor.

Agradeço ao professor Jarrod Haar e à dra. Helen Delaney. Sua pesquisa foi fundamental para dar ao teste da Perpetual Guardian enorme credibilidade na arena global. Obrigado também aos editores do *The Guardian* e do *New York Times*, cujo interesse transformou esta história em um assunto global.

Obrigado a Tom Asker e à equipe da Little, Brown por toda a ajuda, incentivo e paciência para botar este livro na linha!

Finalmente, e mais importante, obrigado a todas as empresas e indivíduos que entraram em contato e aderiram à jornada para implementar a semana de quatro dias. Juntos, vamos tornar o mundo um lugar melhor e mais saudável, uma empresa por vez.

Bibliografia

Alderman, Liz. "France moves to tax tech giants, stoking fight with White House", *NYtimes.com*, 11 de julho de 2019.

Armstrong, Ashley. "What"s the real cost to society of a £5 dress?", *Telegraph.co.uk*, 15 de janeiro de 2019.

Arnold, Sara. "The first step to starting your career in sustainable fashion", *businessoffashion.com*, 11 de outubro de 2018.

Arnold, Sarah. "Stressed economy, stressed society, stressed NHS", *Neweconomics.org*, 18 de maio de 2018.

Batchelor, Sandy. "Telecommuting for the planet", *climatechange.ucdavis.edu*, 6 de setembro de 2018.

Bennet, Sydney. "Rise of the super commuters", *Apartmentlist.com*, 24 de abril de 2018.

Bloom, Nick; Kretschmer, Tobias e Van Reenen, John. "Work-life balance, management practices, and productivity", *NBER.org*, setembro de 2009.

Brown, John Murray. "UK self-employed plumber wins court battle for workers' rights", *FT.com*, 11 de fevereiro de 2017.

Calfas, Jennifer. "Meet the CEO whose comments about mental health in the workplace went viral", *Money.com*, 11 de julho de 2017.

Chang, Emily. *Manotopia: Como o Vale do Silício tornou-se um clubinho machista*. Rio de Janeiro: Alta Books, 2018.

Chapman, Ben. "Uber drivers are entitled to workers' rights, Court of Appeal says in landmark gig economy ruling", *Independent.co.uk*, 19 de dezembro de 2018.

Chazan, Guy. "German union wins right to 28-hour working week and 4.3% pay rise", *FT.com*, 7 de fevereiro de 2018.

Chu, Ben. "What is productivity? And why does it matter that it is falling again?", *Independent.co.uk*, 6 de outubro de 2017.

Congresso dos Estados Unidos. *Invest in Women, Invest in America: A Comprehensive Review of Women in the U.S. Economy.* Comitê Econômico Conjunto do Congresso dos Estados Unidos, dezembro de 2010.

Day, Meagan. "The fraud and the four-hour workweek", *Jacobinmag.com*, 27 de março de 2018.

Denning, Steve. "What is agile?", *Forbes.com*, 13 de agosto de 2016.

Elliott, Larry. "Economics: whatever happened to Keynes' 15-hour working week?", *TheGuardian.com*, 1 de setembro de 2008.

Evans, Lisa. "The exact amount of time you should work every day", *FastCompany.com*, 15 de setembro de 2014.

Fleishman, Glenn. "New York makes Uber and Lyft pay a $17.22 an hour minimum plus expenses to their drivers", *Fortune.com*, 4 de dezembro de 2018.

Fleming, Peter. "Do you work more than 39 hours a week? Your job could be killing you", *TheGuardian.com*, 15 de janeiro de 2018.

Fowler, Susan. "'What have we done?' Silicon Valley engineers fear they've created a monster", *VanityFair.com*, 9 de agosto de 2018.

Fremstad, Anders; Paul, Mark e Underwood, Anthony. "Work hours and CO_2 emissions: evidence from U.S. households", *TandFonline.com*, 27 de junho de 2019.

Frier, Sarah. "How Sheryl Sandberg's sharing manifesto drives Facebook", *Bloomberg.com*, 27 de abril de 2017.

Griffey, Harriet. "The lost art of concentration: being distracted in a digital world", *TheGuardian.com*, 14 de outubro de 2018.

Griffith, Erin. "Are young people pretending to love work?", *NYtimes.com*, 26 de janeiro de 2019.

Hanauer, Nick. "The pitchforks are coming . . . for us plutocrats", *Politico.com*, Julho/Agosto de 2014.

Henderson, Tim. "In most states, a spike in 'super commuters'", The Associated Press via *Pewtrusts.org*, 5 de junho de 2017.

Hook, Leslie. "Year in a word: gig economy", *FT.com*, 30 de dezembro de 2015.

Huberman, Michael e Minns, Chris. "The times they are not changin': Days

BIBLIOGRAFIA

and hours of work in Old and New Worlds, 1870—2000", *Explorations in Economic History*, 12 de julho de 2007.

Huggler, Justin. "German workers win right to 28-hour working week", *Telegraph.co.uk*, 7 de fevereiro de 2018.

Hultman, Nathan e Bodnar, Paul. "Trump tried to kill the Paris agreement, but the effect has been the opposite", *brookings.edu*, 1 de junho de 2018.

Hymas, Charles. "A decade of smartphones: We now spend an entire day every week online", *Telegraph.co.uk*, 2 de agosto de 2018.

Imber, Amanda. "Why you are losing 10 IQ points every time this happens", *entrepreneur.com*, 19 de fevereiro de 2018.

Judge, T.A., Thoresen, C.J., Bono, J.E., Patton, G.K. "The job satisfaction — job performance relationship: A qualitative and quantitative review", Psychological Bulletin, 2001, 127, pp.376-407.

Lyons, Dan. *Lab Rats: How Silicon Valley Made Work Miserable for the Rest of Us*. Nova York: Hachette Book Group, 2018.

MacKay, Jory. "Managing interruptions at work: what we learned surveying hundreds of Rescue Time users about their worst distractions", *Blog.RescueTime.com*, 29 de maio de 2018.

Matousek, Mark. "Elon Musk says you need to work at least 80 hours a week to change the world", *inc.com*, 27 de novembro de 2018.

Matthews, Dylan. "Are 26 billionaires worth more than half the planet? The debate, explained", *Vox.com*, 22 de janeiro de 2019.

Maxwell, Diane. "Diane Maxwell: politics is downstream from culture", *Stuff.co.nz*, 29 de dezembro de 2016.

McGregor, Jena. "The average work week is now 47 hours", *Washingtonpost.com*, 2 de setembro de 2014.

Miller, Lee J. e Lu, Wei. "Housing prices are through the roof in these 10 cities", *Bloomberg.com*, 5 de outubro de 2018.

Moore, Heidi. "New study proves it really is harder to find a job as you get older", *Theladders.com*, 28 de fevereiro de 2017.

Murphy, Mark. "Interruptions at work are killing your productivity", *Forbes.com*, 30 de outubro de 2016.

Murray, Sarah. "The internet restriction apps that help improve productivity", *TheGuardian.com*, 17 de dezembro de 2014.

Neate, Rupert. "Amazon's Jeff Bezos pays out $38bn in divorce settlement", *TheGuardian.com*, 30 de junho de 2019.

O'Connor, Sarah. "Dark factories: labour exploitation in Britain's garment industry", *FT.com*, 17 de maio de 2018.

Pellegrino, Nicky. "How the rise in workplace depression and anxiety is causing job culture to change", *Noted.co.nz*, 25 de setembro de 2017.

Powis, Joanna. "Supreme Court decision announced in Pimlico Plumbers case", *Employmentlawwatch.com*, 14 de junho de 2018.

Pullar-Strecker, Tom. "Spark employment move 'a recipe for disaster', says expert", *Stuff.co.nz*, 14 de junho de 2018.

Pullar-Strecker, Tom. "Vodafone goes Agile but says staff won't have to sign new contracts", *Stuff.co.nz*, 19 de julho de 2018.

Rasmussen, Peter. "Hard-selling — recruitment joke", *LinkedIn.com*, 18 de novembro de 2014.

Reaney, Patricia. "U.S. workers spend 6.3 hours a day checking email: survey", *Huffpost.com*, 26 de agosto de 2015.

Sanghani, Radhika. "What happened when I rented my wardrobe for a week", *Telegraph.co.uk*, 23 de abril de 2019.

Schaefer, Annette. "Commuting takes its toll", *ScientificAmerican.com*, 1 de outubro de 2005.

Schwab, Klaus. "The Fourth Industrial Revolution: what it means, how to respond", *Weforum.org*, 14 de janeiro de 2016.

Scott, Sophie e Armitage, Rebecca. "Why your job might be making you sick", *ABC.net.au*, 11 de maio de 2018.

Semuels, Alana. "What happens when gig-economy workers become employees", *TheAtlantic.com*, 14 de setembro de 2018.

Son, Sabrina. "How social exchange theory applies to the workplace", *tinypulse.com*, 1 de março de 2016.

Stevens, Tony. "Mental health days need to be taken seriously", *Stuff.co.nz*, 31 de julho de 2018.

Stock, Rob. "KiwiSaver contribution 'holidays' to get shorter", *Stuff.co.nz*, 2 de julho de 2018.

Stroup, Caitlin e Yoon, Joy. "What impact do flexible working arrangements (FWA) have on employee performance and overall business results?", Cornell University, site da ILR School: *digitalcommons.ilr.cornell.edu*, 2016

BIBLIOGRAFIA

Thompson, Derek. "A formula for perfect productivity: work for 52 minutes, break for 17", *TheAtlantic.com*, 17 de setembro de 2014.

Tsang, Amie e Satariano, Adam. "Apple to add $1 billion campus in Austin, Tex., in broad U.S. hiring push", *NYtimes.com*, 13 de dezembro de 2018.

Turner, Giles. "How big tech will be hit by U.K.'s new digital tax", *Bloomberg.com*, 30 de outubro de 2018.

Umoh, Ruth. "Here's what working 120 hours a week like Elon Musk really does to the body and the mind", *CNBC.com*, 22 de agosto de 2018.

Usher, Pip. "Digital detoxes: do they really work?", *Vogue.co.uk*, 1 de maio de 2018.

Wall, Matthew. "Smartphone stress: Are you a victim of 'always on' culture?", *BBC.com*, 14 de agosto de 2014.

Wallace-Wells, David. "Jared Diamond: there's a 49 percent chance the world as we know it will end by 2050", *NYmag.com*, 10 de maio de 2019.

Wei, Marlynn. "Commuting: 'The stress that doesn't pay'", *Psychologytoday.com*, 12 de janeiro de 2015.

Williamson, Lucy. "France's Macron brings back national service", *BBC.com*, 27 de junho de 2018.

Wilson, Josh. "Work-related stress and mental illness now accounts for over half of work absences", *Telegraph.co.uk*, 1 de novembro de 2018.

Young, Molly. "Don't distract me", *NYtimes.com*, 26 de janeiro de 2019.

Zarya, Valentina. "Working flexible hours can hurt your career — but only if you're a woman", *Fortune.com*, 21 de fevereiro de 2017.

Ziffer, Daniel. "'Hump day' killed off, app maker Versa's staff repay the box with higher productivity", *ABC.net.au*, 17 de abril de 2019.

"21 hours: the case for a shorter working week", *NewEconomics.org*, 13 de fevereiro de 2010.

"After drawing a line under layoffs, Vodafone NZ boss Jason Paris faces five challenges", *NZHerald.co.nz*, 1 de abril de 2019.

"An IPCC Special Report on the impacts of global warming of 1.5°C above pre-industrial levels and related global greenhouse gas emission pathways, in the context of strengthening the global response to the threat of climate change, sustainable development, and efforts to eradicate poverty - Headline Statements from the Summary for Policymakers", *ipcc.ch*.

238 A SEMANA DE QUATRO DIAS

"Benefits from Auckland road decongestion", *EMA.co.nz*, 10 de julho de 2017.

"Champions of the gig economy", *BBC.com*.

"Doing better for families", *OECD.org*, 2011.

"Employer need » Increased cost savings & profits", Sloan Center on Aging & Work at Boston College, *workplaceflexibility.bc.edu*.

"Employment Relations Act 2000", *legislation.govt.nz*.

"Flexible working to contribute $10tr to global economy by 2030", *menahe-rald.com*, 17 de outubro de 2018.

"FOUR — What is it good for? A study of the four-day week: a report by The Mix", 2018.

"Four Better or Four Worse?", Henley Business School, University of Reading, 2019.

"Four-day week pays off for UK business", Henley Business School, University of Reading, *henley.ac.uk*, 3 de julho de 2019.

"'Gender pay gap in the UK: 2018", *ONS.gov.uk*.

"Gender wage gap", *Data.oecd.org*.

"Getting your super started — employees", *ATO.gov.au*.

"Global real house price index", Global Housing Watch, *IMF.com*.

"Hours worked", *Data.oecd.org*.

"How many productive hours in a work day? Just 2 hours, 23 minutes...", *Vouchercloud.com*.

"How the tech industry changed our work culture", *RNZ.co.nz*, 11 de março de 2019.

"Impress me: how to make your first job count", *RNZ.co.nz*, 9 de novembro de 2018.

"Is the traditional 9-5 working week finally dead?", *HCAmag.com*, 14 de junho de 2018.

"Ma Yun talks 996", *mp.weixin.qq.com*.

"Mental health in the workplace", *WHO.int*, maio de 2019.

"School may build houses to stop teachers fleeing Auckland's high housing costs", *NZherald.com*, 3 de junho de 2017.

"Spark announces leadership team changes as part of move to Agile", *Sparknz.co.nz*, 12 de março de 2018.

BIBLIOGRAFIA

"The new work order", The Foundation for Young Australians, 2014.

"The Schedules that Work Act of 2017", warren.senate.gov.

"The tight labour market is making unskilled work more unpredictable", *Economist.com*, 8 de dezembro de 2018.

"UK employees work longer hours than most EU neighbours", *BBC.com*, 8 de dezembro de 2011.

"What is social exchange theory?", *socialwork.tulane.edu*, 20 April 2018.

"Work related stress depression or anxiety statistics in Great Britain, 2018", *HSE.gov.uk*, 31 de outubro de 2018.

"Work-life balance and the economics of workplace flexibility", Executive Office of the President Council of Economic Advisers, Cornell University, site da LIR School: *digitalcommons.ilr.cornell.edu*, 2010.

"Work", TED.com.

Definition of 'gig', *Collinsdictionary.com*.

DHL-CarbonCalculator.com.

https://bcorporation.net/for-b-corps/resource-library

https://www.anxiety.org.nz/

Submissão do site Volunteering, da Nova Zelândia, no documento de discussão 'Quality Flexible Work', Volunteeringnz.org.nz

Notas

Introdução: O homem mais perigoso no avião

1. https://economictimes.indiatimes.com/jobs/indiainc-looks-to-deal-
-with-rising-stress-in-employees/articleshow/64741313.cms?from=mdr;
https://www.workforce.com/2018/11/17/millennials-in-india-lead-
-asthe-most-stressed-in-the-world/;

http://www.chinadaily.com.cn/a/201811/02/WS5bdbdf4ca310e-
ff303286339.html;

http://www.chinadaily.com.cn/china/2016-12/11/content_27635578.
htm

Capítulo um: O mundo do trabalho hoje

2. https://personal.lse.ac.uk/minns/Huberman_Minns_EEH_2007.pdf
3. https://www.ft.com/content/e7f0490e-0b1c-11e8-8eb7-42f857ea9f09
4. https://stats.oecd.org/Index.aspx?DataSetCode=ANHRS
5. https://www.bbc.com/news/business-16082186
6. https://www.washingtonpost.com/news/on-leadership/
wp/2014/09/02/the-average-work-week-is-now-47-hours/?arc404=true
7. https://www.fya.org.au/wp-content/uploads/2015/08/fya-future-
-of-work-report-final-lr.pdf
8. https://www.theladders.com/career-advice/new-study-proves-it-is-
-harder-to-find-a-job-as-you-get-older
9. https://www.huffingtonpost.com/entry/check-work-email-hours-
-survey_us_55ddd168e4b0a40aa3ace672
10. https://www.telegraph.co.uk/news/2018/08/01/decade-smartpho-
nes-now-spend-entire-day-every-week-online/
11. https://www.bbc.com/news/business-28686235

242 A SEMANA DE QUATRO DIAS

12. https://www.bloomberg.com/news/features/2017-04-27/how--sheryl-sandberg-s-sharing-manifesto-drives-facebook
13. https://www.oecd.org/els/family/47701118.pdf
14. Ibid., p.24.
15. Ibid., p.29.
16. Ibid., p.30.
17. Ibid., p.36.
18. https://www.independent.co.uk/news/business/analysis-and-features/productivity-what-is-it-meaning-define-uk-economy-explained-a7986781.html
19. https://www.vouchercloud.com/resources/office-worker-productivity
20. Ibid.
21. https://www.imf.org/external/research/housing/
22. https://www.nzherald.co.nz/nz/news/article.cfm?c_id=1&objectid=11868150
23. https://www.bloomberg.com/news/articles/2018-10-04/home-cost--index-says-ouch-hong-kong-oh-canada-hello-dubai
24. https://www.apartmentlist.com/rentonomics/increase-in-long--super-commutes/
25. https://www.pewtrusts.org/en/research-and-analysis/blogs/stateline/2017/06/05/in-most-states-a-spike-in-super-commuters
26. https://www.scientificamerican.com/article/commuting-takes-its-toll/
27. Ibid.
28. Ibid.
29. Ibid.
30. https://www.psychologytoday.com/intl/blog/urban-survival/201501/commuting-the-stress-doesnt-pay
31. https://www.bbc.com/news/business-28686235
32. https://www.telegraph.co.uk/news/2018/11/01/work-related--stress-mental-illness-now-accounts-half-work-absences/
33. https://neweconomics.org/2018/05/stressed-economy-stressed--society-stressed-nhs
34. https://www.pressreader.com/new-zealand/new-zealand-listener/20170901/281535111129140
35. https://www.who.int/mental_health/in_the_workplace/en/

36. https://www.abc.net.au/news/2018-05-11/why-your-job-might-be-
-making-you-sick/9747518

Capítulo dois: A resposta dos trabalhadores

37. https://www.radionz.co.nz/national/programmes/afternoons/
audio/2018686029/how-the-tech-industry-changed-our-work-culture
38. Ibid.
39. https://www.nytimes.com/2019/01/26/business/against-hustle-
-culture-rise-and-grind-tgim.html
40. https://www.nytimes.com/2016/01/31/books/review/dont-dis-
tract-me.html
41. Ibid.
42. https://www.ted.com/topics/work
43. https://www.vogue.co.uk/article/digital-detox-results
44. https://www.theguardian.com/small-business-network/2014/
dec/17/internet-restriction-apps-productivity
45. https://jacobinmag.com/2018/03/four-hour-workweek-tim-ferriss-
-work
46. http://money.com/money/4853305/mental-health-workplace-olark-
-madalyn-parker-ben-congleton/
47. https://www.stuff.co.nz/life-style/well-good/105881646/mental-
-health-days-need-to-be-taken-seriously#comments
48. Ibid.
49. https://www.ft.com/content/259618fe-ef87-11e6-ba01-119a44939bb6
50. https://www.employmentlawwatch.com/2018/06/articles/employ-
ment-uk/supreme-court-decision-announced-in-pimlico-plumbers-case/
51. https://www.independent.co.uk/news/business/news/uber-drivers-
-workers-rights-case-court-of-appeal-gig-economy-ruling-a8691026.html
52. https://www.dhl-carboncalculator.com/#/scenarios

Capítulo três: A resposta corporativa

53. https://www.weforum.org/agenda/2016/01/the-fourth-industrial-
-revolution-what-it-means-and-how-to-respond

244 A SEMANA DE QUATRO DIAS

54. https://www.politico.com/magazine/story/2014/06/the-pitchforks-
-are-coming-for-us-plutocrats-108014

55. https://www.collinsdictionary.com/dictionary/english/gig

56. https://www.ft.com/content/b5a2b122-a41b-11e5-8218-6b8ff73aae15

57. https://www.theatlantic.com/technology/archive/2018/09/gig-
-economy-independent-contractors/570307/

58. https://www.vanityfair.com/news/2018/08/silicon-valley-engine-
ers-fear-they-created-a-monster

59. http://fortune.com/2018/12/04/uber-lyft-via-drivers-minimum-
-wage-nyc/

60. https://www.radionz.co.nz/programmes/two-cents-worth/
story/2018670560/impress-me-how-to-make-your-first-job-count

61. http://www.bbc.com/storyworks/capital/the-rise-of-the-free-agent/
champions-of-the-gig-economy

62. https://www.economist.com/united-states/2018/12/08/the-tight-
-labour-market-is-making-unskilled-work-more-predictable

63. Chang, Emily. *Manotopia: Como o Vale do Silício tornou-se um clubinho
machista*. Rio de Janeiro: Editora Alta Books, 2018.

64. https://www.vanityfair.com/news/2018/08/silicon-valley-engine-
ers-fear-they-created-a-monster

65. https://www.nytimes.com/2018/12/13/business/apple-austin-cam-
pus.html?action=click&module=Top%20Stories&pgtype=Homepage

66. https://www.bloomberg.com/news/articles/2018-10-29/how-big-
-tech-will-be-hit-by-u-k-s-new-digital-tax-quicktake

67. https://www.nytimes.com/2019/07/11/business/france-digital-tax-
-tech-giants.html

68. https://www.politico.com/magazine/story/2014/06/the-pitchforks-
are-coming-for-us-plutocrats-108014

69. https://www.vox.com/future-perfect/2019/1/22/18192774/oxfam-
-inequality-report-2019-davos-wealth

70. https://www.theguardian.com/technology/2019/jun/30/amazon-
-jeff-bezos-ex-wife-mackenzie-handed-38bn-in-divorce-settlement

71. Chang, Emily. *Manotopia: Como o Vale do Silício tornou-se um clubinho
machista*. Rio de Janeiro: Editora Alta Books, 2018.

NOTAS 245

72. https://www.forbes.com/sites/stevedenning/2016/08/13/what-is-agile/#745ce1ec26e3

73. Ibid.

74. https://www.sparknz.co.nz/news/Spark-announces-leadership-team-changes.html

75. https://www.stuff.co.nz/business/industries/105575857/vodafone-goes-agile-but-saysstaff-wont-have-to-sign-new-contracts

76. https://www.nzherald.co.nz/business/news/article.cfm?c_id=3&objectid=12217900

77. https://www.stuff.co.nz/business/industries/105575857/vodafone-goes-agile-but-says-staff-wont-have-to-sign-new-contracts

78. https://www.stuff.co.nz/business/industries/104703350/spark-gives-staff-a-week-to-consider-new-job-contracts

79. https://www.forbes.com/sites/stevedenning/2016/08/13/what-is-agile/#745ce1ec26e3

Capítulo cinco: Os dados

80. https://www.henley.ac.uk/fourdayweek

81. Ibid.

82. http://themixlondon.com/wp-content/uploads/2018/10/FOUR-What-Is-It-Good-For.pdf?utm_source=mailchimp&utm_campaign=03004ec1e1f0&utm_medium=page

Capítulo seis: Implementação

83. https://blog.rescuetime.com/interruptions-at-work/

84. https://www.forbes.com/sites/markmurphy/2016/10/30/interruptions-at-work-are-killing-your-productivity/#62e68f461689

85. Ibid.

86. https://blog.rescuetime.com/interruptions-at-work/

87. https://www.forbes.com/sites/markmurphy/2016/10/30/interruptions-at-work-are-killing-your-productivity/#62e68f461689

88. https://www.nber.org/chapters/c0441.pdf

89. https://www.fastcompany.com/3035605/the-exact-amount-of-time-you-should-work-every-day

246 A SEMANA DE QUATRO DIAS

90. https://www.theatlantic.com/business/archive/2014/09/science-tells-
-you-how-many-minutesshould-you-take-a-break-for-work-17/380369/

Capítulo sete: Os benefícios mais amplos

91. https://neweconomics.org/2010/02/21-hours
92. https://www.ema.co.nz/resources/EMA%20Reports%20and%20Do-
cuments/Advocacy/Submissions/2017/NZIER%20report%20on%20
Auckland%20Benefits%20of%20Decongestion.pdf
93. https://climatechange.ucdavis.edu/what-can-i-do/telecommuting-
-for-the-planet/
94. Ibid.
95. https://www.henley.ac.uk/news/2019/four-day-week-pays-off-for-
-uk-business
96. https://www.tandfonline.com/doi/full/10.1080/09538259.2019.15
92950
97 https://www.volunteeringnz.org.nz/wp-content/uploads/Quality-
-Flexible-Work-Submission.pdf
98. https://socialwork.tulane.edu/blog/social-exchange-theory
99. https://www.tinypulse.com/blog/sk-social-exchange-theory-in-the-
-workplace
100. https://www.bbc.com/news/world-europe-44625625
101. http://fortune.com/2017/02/21/flexible-schedule-women-career/
102 Ibid.
103. https://data.oecd.org/earnwage/gender-wage-gap.htm
104. www.ons.gov.uk/employmentandlabourmarket/peopleinwork/
earningsandworkinghours/bulletins/genderpaygapintheuk/2018
105. http://www.hse.gov.uk/statistics/causdis/stress.pdf
106. https://www.abc.net.au/news/2019-04-17/killing-hump-day-busi-
ness-that-shuts-wednesdays-workers-happier/10985332

Capítulo oito: A importância de ser flexível

107. Dan Lyons. *Lab Rats: How Silicon Valley Made Work Miserable for the
Rest of Us.* Nova York: Hachette Book Group, 2018.

NOTAS 247

108. https://books.google.co.nz/books?id=2Ek6k1mR3xgC&pg=PA13&lpg=PA13&dq=deloitte+FWAs+$41.5+million&source=bl&ots=TrKagbOZ9h&sig=gT552a7xA6e9ILEsFkS4aIjIjF0&hl=en&sa=X&ved=2ahUKEwiw6uLdh6jfAhVWOSsKHQaXAdEQ6AEwFXoECAoQAQ#v=onepage&q=deloitte%20FWAs%20%2441.5%20million&f=false

109. https://digitalcommons.ilr.cornell.edu/cgi/viewcontent.cgi?referer=https://www.google.com/&httpsredir=1&article=1719&context=key_workplace

110. https://www.hcamag.com/nz/news/general/is-the-traditional-9--5-working-week-finally-dead/152596

111. https://digitalcommons.ilr.cornell.edu/cgi/viewcontent.cgi?referer=https://www.google.com/&httpsredir=1&article=1121&context=student

112. Judge, T.A., Thoresen, C.J., Bono, J.E. e Patton, G.K. (2001), "The job satisfaction—job performance relationship: A qualitative and quantitative review", *Psychological Bulletin*, 127, 376—407.

113. http://bc.edu

114. https://www.menaherald.com/en/business/events-services/flexible-working-contribute-10tr-global-economy-2030

115. https://www.stuff.co.nz/business/opinion-analysis/87911259/diane-maxwell-politics-is-downstream-from-culture

116. https://www.ato.gov.au/individuals/super/getting-your-super--started/employees/

117. https://www.stuff.co.nz/business/money/105167852/kiwisaver--contribution-holidays-to-get-shorter

118. https://www.anxiety.org.nz/;
http://www.hse.gov.uk/statistics/causdis/stress.pdf

Capítulo nove: Os obstáculos

119. http://www.legislation.govt.nz/act/public/2000/0024/latest/DLM6803000.html#DLM6803000

120. https://www.warren.senate.gov/files/documents/2017_06_20_STWA_Factsheet.pdf

121. https://www.ft.com/content/e7f0490e-0b1c-11e8-8eb7-42f857ea9f09

248   A SEMANA DE QUATRO DIAS

122. https://www.telegraph.co.uk/news/2018/02/07/german-workers--win-right-28-hour-working-week/
123. https://www.telegraph.co.uk/business/2019/01/15/real-cost--society-5-dress/
124. https://www.ft.com/content/e427327e-5892-11e8-b8b2-d6ce-b45fa9d0
125. https://www.telegraph.co.uk/business/2019/01/15/real-cost--society-5-dress/
126. https://www.ft.com/content/e427327e-5892-11e8-b8b2-d6ce-b45fa9d0
127. https://www.telegraph.co.uk/fashion/style/happened-rented--wardrobe-week/
128. https://www.businessoffashion.com/articles/opinion/op-ed--the-first-step-to-starting-your-career-in-sustainable-fashion?utm_campaign=0f23447e69-is-thisinfluencer-the-future-of-fashion&utm_medium=email&utm_source=Subscribers&utm_term=0_d2191372b3-0f23447e69-419286197&fbclid=IwAR1BacwEUg25wVe-2Cw0WvAKwxbfXSmyBuhT0KnJqfwCMWBfMMmMoxvbBvoM
129. https://bcorporation.net/about-b-corps

Capítulo dez: Dentro do mundo corporativo

130. https://mp.weixin.qq.com/s/oc0NugBjpsn1_mBtbib2Lg
131. https://www.inc.com/business-insider/elon-musk-says-you-need--to-work-80-hours-a-week-to-save-the-world.html
132. https://www.cnbc.com/2018/08/22/what-working-120-hours-a--week-like-teslas-elon-musk-does-to-the-body.html
133. https://www.theguardian.com/lifeandstyle/2018/jan/15/is-28--hours-ideal-working-week-for-healthy-life
134. https://www.cnbc.com/2018/08/22/what-working-120-hours-a--week-like-teslas-elon-musk-does-to-the-body.html
135. https://www.theguardian.com/lifeandstyle/2018/oct/14/the-lost--art-of-concentration-being-distracted-in-a-digital-world
136. https://www.entrepreneur.com/article/309039
137. https://www.vouchercloud.com/resources/office-worker-productivity

Conclusão: Vacas precisam ser ordenhadas duas vezes ao dia

138. https://www.theguardian.com/business/2008/sep/01/economics
139. http://nymag.com/intelligencer/2019/05/jared-diamond-on-his-
    -new-book-upheaval.html
140. https://www.brookings.edu/blog/planetpolicy/2018/06/01/
    trump-tried-to-kill-the-paris-agreement-but-the-effect-has-been-
    -the-opposite/
141. https://www.ipcc.ch/site/assets/uploads/sites/2/2018/07/sr15_
    headline_statements.pdf
142. https://www.un.org/sustainabledevelopment/blog/2019/05/
    nature-decline-unprecedented-report/
143. Ibid.

Este livro foi composto na tipografia Palatino
LT Std, em corpo 11/15,5, e impresso em
papel off-white no Sistema Cameron da
Divisão Gráfica da Distribuidora Record.